El primer paso © Elena Shapovalova, 2021

Portada: La Dama de Shalott
Autor: Yuri Urquiza Shapovalova
Correctora: Hidelisa Pratt
Diseño y maquetación: Jonatán Mira

Edición: Junio 2021

Reservados todos los derechos. No se permite la reproducción total o parcial de esta obra, ni su incorporación a un sistema informático, ni su transmisión en cualquier forma o por cualquier medio (electrónico, mecánico, fotocopia, grabación u otros) sin autorización previa y por escrito de los titulares del copyright. La infracción de dichos derechos puede constituir un delito contra la propiedad intelectual

El Primer Paso

Elena Shapovalova

PRÓLOGO

El lenguaje es la envoltura material del pensamiento; visto desde una posición materialista, el lenguaje es primario y determinante; el pensamiento a su vez, es abstracto e inmaterial; invertir, por tanto, esa relación, se ubica como definición idealista.

Sin embargo, la autora de este libro -Elena Shapovalova- nos lleva de la mano por un camino no acostumbrado. Nos va guiando con explicaciones sustentadas en sus conocimientos y experiencias, ganadas en su relación directa con pacientes de enfermedades físicas, pero debidas a una mentalidad tradicional, casi natural esta por su alta frecuencia en los seres humanos y necesitada de un cambio.

El objetivo de la autora es orientar al lector hacia cómo puede lograr ese giro transformador de su mentalidad.

Estudios teóricos la llevaron a hipótesis que, junto a sus vivencias, pudo ir verificando durante varias décadas. Como resultado, ella nos trae ese cúmulo de ideas y experiencias explicadas y descritas, cuyo fin es ayudar ahora no a pequeños grupos o individuos, sino a un público mayor, amplio y diverso.

Mujer de alma educadora, filantrópica, y siempre sintiendo que su realización más completa es repartir su intenso amor y el fruto de los dones recibidos, se propone ofrecer una luz en el camino que es la vida, para contribuir en la liberación del individuo de sus errores, desconocimientos y males que tienen un origen común: el querer ser amado y lograr un reconocimiento ante los demás, lo que hace transitar por diversos conflictos, enfermedades, experiencias y caminos sin salida.

Este libro nos puede servir como un espejo: al vernos reflejados en él, preguntamos a esa imagen cuestiones como: ¿qué me ocurre, qué puedo hacer por mi estado, qué debo cambiar? ¿Cómo puedo disminuir mi ira, qué tipo de ira tengo? Y muchas más que la autora va respondiendo con calma y segura de lo que dice.

Ya ella nos espera en su salón. Entremos.

ASI FUE

Antes, cuando mi autoestima no existía, tenía mucho miedo a compartir mi sentir y mi pensar para que la gente no me tildara de "extraña". No quería aceptar como verdad absoluta lo que estaba establecido por algo o alguien. Me encantaba poner en duda el sentido de las reglas, incumplir las órdenes, protestar silenciosamente y a veces haciendo mucha bulla. Con regularidad usaba mi máscara – no Yo, incluso hasta en mi propia casa, hasta estando sola. Así me engañaba para estar muy cerca de los demás y muy lejos de mí misma. Aparentaba ser valiente, decidida, corajuda, cuando en realidad sentía miedos, dudas, deseos de que alguien se diera cuenta cuán valiosa era. Todavía no sabía qué era el Valor y lo confundía con el precio y pagos. La Vida mayormente me ofrecía tragos amargos, igualito cuando de niña me enfermaba y mi mamá me obligaba a beber los remedios para sacarme de los resfriados. *Los tragos amargos de la vida nos sirven para sacarnos de los resfriados en el alma.*

Me encantaba leer los cuentos de hadas mientras era niña. En ellos buscaba mi felicidad, cumplimiento de mis deseos y creía ciegamente en que los buenos de los cuentos existían y que cuando yo creciera, me iba a encontrar con ellos y ellas. Después cambié los cuentos de hadas por historias de amor. Quería sentirme amada, pero nadie sabía en aquel entonces cómo hacerme feliz. Yo procuraba alcanzar felicidad a través de los elogios por mis logros en mis estudios, trabajos, vida matrimonial. Quería sentirme genial, única, extraordinaria. Me cansé de ser simplemente alguien, de la cual recuerdan a veces, cuando necesitan de ti. Pero en el fondo yo sabía que existía el YO, el verdadero, y tarde o temprano me encontraría con Él.

En varias ocasiones mi mamá me hacía la historia de que la hermana de su papá quería enseñarle cómo curar a las personas usando las oraciones, el pan, la luz de la vela... Jamás ella aceptó esta idea y hasta se burlaba de los poderes de la tía. Pero no rehusaba recibir su ayuda cuando mis hermanas y yo nos enfermábamos o alguien nos echaba el mal de ojo. La tía, al parecer, sabía hacer las cosas de la "magia". Salvaba hasta de la muerte. Mi hermana fue una de las salvadas. Creo, no confirmo nada, que la tía de mi madre sin pedirme permiso y sin avisarme, me transfirió el don o el arte de sanación. Aunque mi manera de ayudar a las personas enfermas no se parece en nada a la de ella, me siento agradecida de que "alguien" participó en aquella transferencia de "poderes".

Sin autoestima, cualquiera hace "estupideces", tipo fumar, probar alcohol, desafiar el peligro. No fui la excepción. Siendo una adolescente reciente, con 13 años nada más, fumé mi primer cigarrillo, sin que mis padres y maestros de la escuela lo supieran. Lo mismo pasó con el alcohol. Comencé a mostrarme adulta con 15 años. Valga que la vida te protege siempre y te pone en situaciones extremas, después de las cuales no te atreves a repetir experimentos anteriores. Te da una última oportunidad para rectificar. Me salvé de muchas grandes, gracias a la habilidad de percibir las cosas y parar justo a tiempo.

Llegando a los 16 ya no quería experimentar con la vida de las personas adultas. Quería encontrar algo divertido, cuyo resultado me permitiría sentirme genial. Ya había trabajado por petición de algunas personas con _transformar_ la conducta (actitudes) de los perdidos en el camino o a los "sin rumbo". Siempre lograba lo que me proponía en este sentido. El único instrumento que utilizaba para ello era hacerles sentirse amados a mis candidatos para ser "salvados". Pero no era suficiente para mí. Quería transformarme a mí misma y no sabía cómo hacerlo. Las técnicas de los malvados y los buenos en los cuentos de hada no daban el resultado que estuve buscando. Y entonces acudí a las revistas científicas.

En una de ellas, llamada _Ciencia y técnica_, encontré una sección de entrenamiento autógeno. Comencé a practicar regularmente los ejercicios y entre otras cosas, aprendí a dormirme en 30 segundos. Me encantaba experimentar, esto me ayudaba a expandir mi conciencia y de vez en cuando "entrar" en el futuro. Fue muy chocante para mis padres cuando les dije que no iba a quedarme a vivir en el país donde nací, que me llamaba otra tierra. No sabía decir cuál sería esta tierra. Pero se cumplió casi dos veces.

En los exámenes de ingreso en la Universidad, conocí a un joven, que vino a probar suerte desde muy lejos, casi de la frontera con China. Yo aprobé, pero él suspendió su último examen. Aparentemente nuestros caminos se separaron. Ni remotamente pensé que el joven me buscaría y que en un año me casaría con él, y él ingresaría finalmente en la Universidad. No nos fuimos de inmediato a vivir a su tierra - Kirguisia, de donde era él, sólo porque no era sensato interrumpir nuestros estudios; pero sí, tuvimos el plan de hacer nuestras vidas lejos de Minsk. Mas la vida arregló las cosas a su manera. Nuestro matrimonio comenzó a deteriorarse después del nacimiento de nuestro segundo bebé. Por la educación que ambos habíamos recibido, no concebíamos la idea del divorcio y preferimos seguir machacando e intentando evadir los conflictos, como lo hacían los demás. El famoso deber ante la sociedad, ante los hijos, el miedo de no poder comenzar desde el principio y la pena por ser fracasados nos pusieron dentro de lo "¡aguanta!".

Dicen que nadie es libre del Destino, ni del Karma. Y realmente esto es cierto mientras uno no sabe cómo liberarse de esta pareja. Pues el primer matrimonio fue arreglado por el Karma, y al pagar mi deuda con el primer hombre de mi vida, en la cola estaba el Destino con la propuesta de un segundo matrimonio.

A este hombre lo vi por primera vez en un trolebús, cuando iba para el trabajo. En aquel entonces mi primer matrimonio todavía se veía sólido y nada atentaba contra su estabilidad. Ya teníamos una niña de dos y tantitos añitos y al varón de cuatro meses. El joven se me acercó e intentó comunicarse. No hablaba bien en ruso aunque se podía entender. Sus amigos no apartaban la vista de nosotros. Mientras escuchaba al joven, pensé cuán difícil debía ser para ellos estar en un país ajeno, sin calor familiar y sin hablar bien nuestro idioma. En fin, nos conocimos. El cadete de la Escuela Militar Superior venía de... Cuba. Le di mi teléfono y le propuse amistad de los pueblos. No me creyó que tuviera dos hijos pequeños y que estaba casada. Por eso en mi primer encuentro con él fui con mis hijos, montados en un coche. Los hijos no lo asustaron, no socavaron su idea de llevarme a Cuba en una maleta a través de Afganistán. Y por tanto, no me dejó otra alternativa que desaparecerme. Solo tenía que pensar en ello y... Al cadete se le perdió el papelito con mi número de teléfono y así se cortó la comunicación conmigo.

Un año y medio después, cuando corría a una tienda para comprar plastilina y lápices de colores para el círculo infantil de mis hijos, el Destino apareció de nuevo en mi camino. Ya era bastante tarde, cerca de las nueve de la noche. Se retiraba el invierno, pero la primavera no acababa de imponerse. Estaba nevando copiosamente, soplaba el viento y yo trataba de no congelarme, escondiendo la única parte descubierta de mi cuerpo en la capucha de mi paltó. Delante de mí veía solamente los portones de la tienda que podían cerrarse de un momento a otro. Ni siquiera los faroles encendidos permitían distinguir lo que aparecía por el camino. De repente sentí que chocaba a alguien. Por inercia di dos pasos más y me paré firmemente sin poder moverme. Por dentro tenía la certeza de que era él, aquel cadete, del cual huí después de la promesa que me llevaría para Cuba fuera como fuera. Me lo confirmó su voz: "¡Cuánto tiempo de búsqueda! Pero esta vez no será igual".

Y mírenme, llevo más de treinta años viviendo en Cuba. Mis hijos mayores escogieron sus caminos de vida y en el año dos mil regresaron a Bielorrusia, el hijo más pequeño, que tiene ahora 33 años, vive en Holguín con su familia. Tuve muchísimas oportunidades de emigrar a otro país, pero siempre he decidido por Cuba. ¿Por qué?

Nada en la vida es por casualidad, todo tiene un sentido muy marcado. Y todo sucede en el momento justo, ni antes, ni después.

Mi segundo matrimonio duró casi catorce años. Mis hijos tuvieron a un excelente padre, yo tuve la dicha de compartir mi vida con un hombre maravilloso. *Todo lo que comienza, termina cuando cumple su objetivo*. Y esta historia termina cuando decido entregarme por completo a la práctica de la sanación, usando el "dominó" – pases biomagnéticos.

Hasta principios de los años 90 me era imposible creer en la existencia del mundo no manifestado, en el poder de la magia, hechicería. Más o menos aceptaba la idea de la existencia de Dios. Había visitado la iglesia sólo dos o tres veces, cuando tenía 12-13 años y no sentía necesidad de volver a hacerlo. Había crecido en un país ateo, donde la religión era perseguida. Pero mis convicciones cambiarían radicalmente después de pasar por mi tercera experiencia "extraña".

Sin tener enfermedad alguna sentí que me estaba muriendo. Mi vida se apagaba como una vela. Los médicos no entendían la causa de mi maleza y trataban de "ayudarme" con algún que otro tratamiento para ver si se resolvía el problema. Sospechaban que tenía epilepsia, ya que saltaba en la cama como una cabra en el momento entre la vigilia y el sueño. Ya casi con un pie en la tumba, acepté ser atendida por una señora que decían era espiritual. No tenía nada que perder. Para mi asombro la señora "descubrió" la causa de mi "enfermedad" y me prometió que iba a estar bien en tres días, si seguía sus recomendaciones. ¿Qué remedio? Cuando casi todo está perdido, uno acude a lo que sea para no morir.

Me bañé durante tres días con albahaca, menta y salvia. La señora me pidió entregarle tres velas, un paño rojo, unos tabacos, algo de perfume y no recuerdo qué más. Lo cierto es que en tres días renací nueva, como si nunca hubiese tenido nada. Y a los 21 días, tal y cómo ella anunció, "despertó" mi esposo, todo volvió a su lugar en mi vida. Para mi enorme asombro me hicieron "brujería". Hasta este momento ni siquiera sabía que existía tal cosa, como tampoco sabía que existía el mundo invisible y que con este mundo no solamente se puede uno comunicar, sino que este mundo gobierna al manifiesto.

Se despertó la curiosidad y había que satisfacerla. He visitado unas cuantas casas de "brujos", santeros, paleros, hasta tuve muy buenas relaciones de amistad con un ser que practicaba la religión Vudú. Mi intención era comprender cómo funciona todo esto, nunca experimenté la necesidad de practicar. Cuando sacié esta curiosidad, llegó la segunda etapa de aprendizaje – los estudios. Esta etapa la pasé en mi país. Huyendo de la hostilidad del periodo especial, mi familia regresa a Minsk. Durante tres años, mientras vivíamos allá, "engullí" libros esotéricos. Conocí todo un nuevo mundo y este me fascinaba. Los libros llegaban solos, por arte de magia. Lo más sorprendente fue cómo adquirí mis dos primeros libros. Triste y desesperada iba camino a un taller de reparación de máquinas de coser. Caminaba entre mucha gente por la avenida principal de la ciudad. De repente, frente a mí apareció un joven insistiendo para que le comprara unos libros. No tenía ninguna intención de hacerlo y me negué rotundamente a gastar el dinero en ellos. El joven perdió la paciencia conmigo y me espetó: "¿Crees que te los ofrezco por tus ojos lindos, o porque necesito tu dinero? ¡Que tonta! Te regalo uno, y el otro me lo compras, porque los necesitas. Eres la elegida." Solo para librarme de él, le compré un libro y me regaló el otro. Estos libros ocupan un lugar muy especial en mi librero, y son el *Bhagavat Guita* y *La Ciencia de Conocerse a sí Mismo*. En su momento jugaron un papel importantísimo. Cada vez que tenía problemas y no podía resolverlos, acudía a ellos y prácticamente de inmediato encontraba la respuesta, tenían un poder mágico. El último libro que leí antes de regresar a Cuba en el año 1996 fue *Del corazón a través de las manos* y gracias a este libro supe que se puede curar con las manos, pero nunca tuve intenciones de hacerlo... hasta un día.

Una y otra vez repito que en la vida no sucede nada por casualidad, todo tiene un sentido bien marcado. <u>Un suceso conlleva hacia el otro, y todos los sucesos están vinculados entre sí.</u> En abril del año 1995 conocí a un joven que se hacía llamar Víctor Lená. Su verdadero nombre era Mijaíl, tenía 26 años en aquel entonces. Me llamó la atención su aspecto medio raro: pelo rubio encrespado, bastante largo, recogido en una cola, ojos azules muy claros, piel pálida, ojos tristones, flaco. Aparentaba ser mucho mayor de su edad. Lo recibí en mi oficina después de hablar con él por teléfono y concertar la cita. Me confesó que se sentía muy mal y que había estado al punto de ponerse un lazo. Pero antes de hacerlo, sus ojos se fijaron en un anuncio en un periódico de una compañía inglesa que vendía inmuebles en las Islas Canarias. No es que quisiera comprar algo ahí, sino que sintió el impulso de marcar el número indicado. Cuando oyó mi voz experimentó "cosas raras", respiró otro sorbo de vida. Lógicamente esta confesión la hizo después que terminé de presentarle la idea de vivir en la costa del océano Atlántico. Mientras hablaba, observaba que algo extraño me sucedía a mí. Tenía la sensación de que de mí se separaba una parte, al igual que del muchacho. Eran una especie de rectángulos vibrantes y luminosos. Uno se dirigía hacia el otro. Cuando se encontraron, se mezclaron y después se separaron y cada cual regresó hacia su lugar de origen. No podía hacerle al muchacho ningún comentario al respecto para no parecer una desequilibrada mental. Me agradeció la presentación del "producto", pero más que esto me dio las gracias por salvarle la vida.

Sentí que el muchacho tenía algo especial, pero no sabía distinguir qué era. Seis meses después de este encuentro, tuve un fuerte ataque de ira. No lograba llevarme bien con mi hijo mediano, llegué a sentir deseo de matarlo. Entendía la necesidad de pedir ayuda, pero no sabía a quién. Y entonces en la mente apareció la respuesta: "Llama a Víctor Lená". Encontré su teléfono de contacto, pero el muchacho se había mudado de ahí prácticamente el mismo día que vino a mi oficina, y nadie sabía de su paradero. Para mi enorme asombro Mijaíl apareció en mi oficina a los tres días de haber pensado en él. Me preguntó si lo había llamado. Por supuesto, no podía cerrar la boca. Realmente me quedé muda después de esta pregunta. Finalmente le expliqué para qué lo había llamado. Tenía la seguridad de que me podía ayudar. Y así fue. Él apenas comenzaba a estudiar un nuevo sistema de terapia, llamada Dianética, cuyo autor es Ron Habbard. Gracias a esta terapia logramos descubrir mis traumas y neutralizar sus cargas, lo que a su vez propició mi nuevo comportamiento hacia mi hijo.

En una de estas sesiones de terapia, sucedió algo extraordinario: abandoné mi cuerpo. En la literatura esotérica este proceso se describe como desdoblamiento. Me veía suspendida al lado derecho de mi cuerpo. Me parecía que mi piel se enroscaba desde las puntas de los dedos de las manos hasta los hombros. De repente percibí un sonido parecido al de abrir las botellas de vino tinto. Mi "cuerpo" hizo un movimiento brusco y comenzó a moverse a través de un "tubo" con gran velocidad. Al salir del "tubo" entré en un espacio sin fin, sin nada. Seguía observándome y esperaba lo que iba a suceder a continuación. De ver no veía nada, pero sí "escuché" que estaba en el Reino Divino. De inmediato pregunté a mi misma: "Si estoy en el Reino Divino, ¿dónde está el famoso Dios?" Y ahí "apareció". Se me presentó como Zeus. Creo que es el único Dios que podría identificar, pues lo he visto en los libros de Historia Antigua. Me sugirió acercarme a él. De este modo nos "conocimos". Me paré a su lado izquierdo. Él me abrazo y me "llevó" de paseo por el Reino. El viaje duró instantes, pero he vivido la eternidad. Es indescriptible lo que experimenté mientras estaba ahí. Conocí el estado de la felicidad, el amor incondicional, el gozo, la seguridad. Al terminar el paseo, Zeus me ordenó regresar, pero no podía aceptar dejar aquello lo que estuve experimentando. La orden no era para discutirla, sino para cumplirla. Antes de "mandarme de regreso" me aseguró que tendría muchísimo trabajo en la Tierra y que me necesitaban ahí. Cuando abrí los ojos, encontré a Mijaíl extremadamente pálido y llorando. Me pidió nunca más volver a hacerlo. Podía quedarme muerta en aquella experiencia, pero no pude prometerle nada. En varias sesiones intenté salir del cuerpo de nuevo y viajar y nunca pude. Conservo en mi memoria las sensaciones vividas fuera del cuerpo y son los indicadores de mi estado psico-emocional y físico.

Al año recibí otro "impacto" del mundo invisible. La vida en Minsk nos llevaba bastante bien, pero no tanto como para quedarnos en Belarús (o Bielorrusia). Nos sedujeron nuevas posibilidades económicas en Cuba y decidimos regresar. Teníamos unas cuantas cosas que no íbamos a utilizar más y las regalamos a los necesitados a través de una iglesia. Mi vecina me trajo de regalo por este gesto una Biblia con la dedicatoria del pastor. Cuando leí lo escrito, di las gracias y continué: "Ustedes no conocen a Elena. Elena tiene un poder en las manos que va a asombrar el mundo". La vecina entró en pánico, me dijo que esto era del diablo, a lo que respondí: "No son cosas del Diablo, son cosas de Dios". No podía creer en lo que decía. Sí, la voz era mía, pero no los pensamientos. Miraba mis manos y quería desaparecer de la vergüenza por lo que había dicho. La vecina rápidamente abandonó mi casa y nunca más me saludó, aunque compartíamos el mismo piso del edificio.

Así supe a lo que me iba a dedicar a mi regreso a Cuba. Cuba para mí no es un país, sino mi "centro de trabajo." Durante el primer año después del regreso, trabajaba ocho a diez horas diarias para descifrar los códigos, aprender a llegar a las causas de las enfermedades de mis pacientes. Olvidé prácticamente que tenía familia, me entregué por completo al servicio de la humanidad. Mi familia me reprochaba el abandono, nadie me entendía, me tildaban de loca. Los "salvados" y los que esperaban ser "salvados" me veneraban, alababan y me llamaban "la última esperanza". No prestaba ninguna atención a los reclamos silenciosos de mi esposo en aquel entonces. A veces se burlaba de mí, intentaba impedirme atender a los pacientes. Yo intentaba persuadirlo y hacerle entender que no podía dejar la práctica de la curación. La situación se tornó insoportable para ambos y decidí disolver el matrimonio para poder continuar con la misión.

Muy pronto entendí que no puedo "salvar al mundo" trabajando como esclava de sol a sol. Observé que todos mis pacientes se relacionaban con la vida de forma idéntica, salvo algunas diferencias en los matices del comportamiento. Llegué a la conclusión de que el nombre de la enfermedad no tiene ninguna importancia. Todas las dolencias las trataba con los mismos movimientos de mis manos y percibía las mismas sensaciones en ellas de cada paciente y obtenía el mismo resultado satisfactorio si el paciente creía en mí, y no obtenía el resultado deseado, si el paciente dudaba de mis "dones". De ahí llegué a otra conclusión: si a todo el mundo trato por igual, la diferencia está en la manifestación de su fe, y fe es simplemente una manera de aceptar lo invisible, y quien acepta es la mente de la persona, y no la persona como tal. Entonces presté mayor atención a las construcciones mentales de mis pacientes.

Paso por paso se me abría el mundo no manifiesto. Cada día se me revelaban los secretos de la vida. No podía guardármelos y decidí comenzar a trabajar con pequeños grupos para compartir con ellos lo que había aprendido y lo que estaba aprendiendo. Para probar mis capacidades, decidí primero trabajar con un grupo de mujeres divorciadas, mayores de 35 años. No fue difícil encontrarlas. Funcionó perfectamente la Ley de la atracción de los iguales. Yo acababa de divorciarme y quería mostrar que la mujer sin el hombre puede no solamente vivir, sino prosperar tanto económica, como emocional y espiritualmente.

El divorcio deja sus marcas en el rostro y el cuerpo de cualquier mujer. Algunas adelgazan mucho, otras comienzan a engordar y todas envejecen a causa del sufrimiento. Tuve la descabellada idea de decir que podía hacer rejuvenecer a las mujeres divorciadas envejecidas en solo algunos meses. Primero hice el experimento conmigo misma y en dos semanas logré "planchar" las arrugas del rostro maltratado por las lágrimas. Después encontré el modo de ser feliz por mí misma sin depender del cariño y el bolsillo del hombre, y sin la obediencia ni el apoyo de mis hijos. Descubrí el camino hacia la independencia emocional. Con estos resultados acudí a mi amigo Alberto, el estilista, para que me ayudara a juntar un grupo de mujeres interesadas en el mismo resultado.

En apenas dos semanas comencé a trabajar en la azotea de la casa de Alberto con las mujeres abandonadas por sus maridos y dejadas al abandono por sí mismas. La simple idea de volver a lucir jóvenes, de perder los kilos sobrantes o aumentar los que les faltaban les hacía brillar los ojos. En un periodo de tres meses todas lograron el mismo resultado que había logrado yo conmigo misma en mis experimentos. Yo estaba en las nubes de ver lo poderosa que era, ellas estaban en las nubes por volver a tener novios y hacer "sufrir" a sus ex- con su buena presencia y éxito en la vida sentimental.

Después llegó un grupo de pacientes neuróticos y el trabajo con ellos terminó en 14 días con magnífico resultado: todos lograron la independencia de los psicofármacos, se despidieron del insomnio y el mal ánimo.

Llena de orgullo de mí misma y deseosa de seguirme probando, decidí trabajar con un grupo heterogéneo en el patio de mi casa. El primer grupo fue bastante numeroso para ser el primero; durante nueve meses 30 voluntarios al "lavado mental" se sentaban tres veces a la semana en banquitos de madera, sillas prestadas por los vecinos o en el suelo, "aguantando" el calor, el frío, la lluvia y el cansancio después del trabajo. Parecíamos sardinas en latas en aquel patio sin condiciones, pero a nadie le importaba esto, como tampoco les interesó tener certificados por los estudios cursados. Durante siete años el patio me sirvió de aula para seguir reuniendo a los deseosos de vivir diferente. ¡Cuántos ejercicios hemos hecho! ¡Cuántas personas lograron su independencia! ¡Cuántas vidas cambiadas!

El éxito del "patio" tomó la ciudad y en el año 2008 nos "mudamos" al anfiteatro del edificio de la Unión de arquitectos y constructores cubanos, en el centro de la ciudad, con capacidad para más de 100 personas. Un 12 de noviembre nace la Escuela de la Alegría. El primer año asumí la escuela totalmente. En el año siguiente invité a impartir clases a cinco profesores más, cuatro de ellos eran mis antiguos alumnos. El experimento aportó una experiencia inolvidable para todos y sobre la base de esta experiencia, en el año 2010 se creó el claustro de la escuela con alumnos aventajados, creativos y apasionados por lo que hacen. Mis "pichones" son sabios jóvenes, pero parece que llegaron de la Eternidad y de lo Infinito, y ya vuelan solos y bien alto. Todos juntos pensamos llenar el cielo de estrellas y hacer de nuestra ciudad un espacio libre de violencia y mediocridad.

CASI UN CUENTO DE HADAS

¿Me permites tutearte? Me parece que hablar de tú a tú acorta no solamente la distancia entre las personas, sino también desaparecen las barreras que uno pone como medida de "precaución" ante cualquier tipo de agresión. ¿Y sabes de qué nosotros nos protegemos en primer lugar? De los pre-juicios de la gente. Yo, por ejemplo, durante muchos años me sentía como una "delincuente" en la sala de un tribunal. Jueces, fiscales, testigos, guardias – todo el mundo te mira y te juzga. Estar expuesta a los enjuiciamientos, hace sonar dentro de ti un peculiar sentimiento – la culpa. Sientes frío de que los ojos ajenos te desnuden y la mente de los jueces te condene por algo que hiciste "mal". Y tú no logras comprender qué hiciste mal, porque te esforzaste e hiciste todo a conciencia. Cada "juez" expone su argumento y al final experimentas la sensación de ser inservible. Por mucho que te esfuerces, siempre habrá alguien que esté insatisfecho con lo que hiciste. Y aparece otro sentimiento – rabia o ira, o cólera, que hierve la sangre y te acaloras tanto, que de pronto necesitas a los bomberos, para no convertirte en un carboncillo. Sucede una y otra vez después de esfuerzos inútiles en cada actividad y sin sentir total satisfacción por los resultados. Te agarra la sensación de que la vida es injusta. Y entonces aparece otro sentimiento – la tristeza. La tristeza siempre brota de nuestras insatisfacciones. Quería, pero... pensé, pero... tenía esperanza, pero... confié, pero... ¿En qué fallé? ¿En qué me he equivocado? ¿Qué hago para que no vuelva a pasar lo mismo? No se necesita mucho: saber ser observador – no perder de vista ningún detalle y darle lectura correspondiente, o sea, dar respuesta a los cinco: por qué, para qué, dónde, cuándo, con quién. Estas interrogantes y sus respuestas nos permiten la *comprensión*. Sin la comprensión, o llegar a la verdad, no sabremos experimentar la felicidad, el gozo de vivir la Vida.

¿Podrías responder cuántas palabras activas tienes en tu lenguaje? ¿Cómo usas las palabras: las acortas, las pronuncias correctamente, las sustituyes por algún "sinónimo" de la calle? ¿Cómo hablas: pausadamente, como una ametralladora, con ánimo, con indiferencia…? Preguntarás ¿qué importa eso? La palabra o el verbo es el principal instrumento para crear tu realidad. Si tu lenguaje es pobre, sucio, impreciso, ¿qué crees saldrá de lo que pensaste o dijiste? ¿Sabes qué puedes hacer para ensanchar tu léxico? Leer, leer y leer y después compartir lo leído con tus amistades o simplemente hacer un recuento escrito. ¿Preguntarás, para qué hacerlo? *Porque todo lo que entró por los ojos o los oídos debe ser evacuado por la boca*. No se trata de que des tus comentarios, sino compartas la experiencia de tu inmersión en la historia contada por otros. Pero, además, a través de la lectura, *puedes vivir vidas adicionales* – de los personajes, aprender de todos ellos y así enriquecer tu propia vida, alargarla.

El tiempo que nos tocó vivir, es bastante "complicado" para aquellas personas que creyeron en que no les van a tocar los cambios, las que se quedaron ancladas a sus costumbres, a las comodidades creadas con el sudor de sus sacrificios. Y hasta existe tremendo pánico a la muerte por enfermedades desconocidas, catástrofes naturales. La Tierra se defiende y se renueva. Nada se mantiene igual para siempre. ¿Hay que tenerle miedo a lo desconocido? A lo desconocido hay que tenerle respeto, adaptarse a ello, comprenderlo y ser parte de este nuevo. ¿Enfermedades? Tienen su misión a cumplir, como cada evento. Las enfermedades son puntos fronterizos de la defensa de lo humano en nosotros. Señalan cómo los Seres Humanos estamos perdiendo nuestra esencia divina, lo que es inadmisible. A través de ellas tenemos chance, tal vez el último chance, para liberarnos de nuestras sombras. En ellas viven nuestros animales de todos tipos, más que en un zoológico, y hasta en reservas naturales en todas partes del mundo. Perdemos en nosotros lo humano a causa de *avaricia*. Comenzamos de los deseos inofensivos y terminamos con ganas de poseer. *Anhelamos poder para dominar.* Todos queremos algo. Y cuando este algo ya está en nuestras manos, tenemos miedo de perderlo. Cada cual protege lo suyo a su manera: escondiéndolo, guardándolo bajo siete llaves, mintiendo... El dinero y la posición social, aparentemente, nos ofrecen sensación de seguridad en el mundo material. ¿Y qué hay con el mundo espiritual? Yo pienso que sería buenísimo comenzar a hablar ya de que existe el mundo espiritual, o mundo que no podemos ver, pero lo sentimos, y precisamente este mundo rige al mundo de la materia. Probablemente ya has leído un sinfín de libros de autoayuda, filosofía, psicología, inteligencia emocional, biodescodificación; has visto un montón de videos, documentales y ya tienes la idea de cómo funciona el mundo. Yo no puedo ofrecerte nada de lo que no sabes. Pero quiero presentarte mi versión del Mundo y cómo funciona la Creación y, sospecho, que te será provechoso integrar esta versión en tus conocimientos guardados por años, y a los que tú ves como verdad indiscutible y finita. El saber no tiene fin. Para sentir lo infinito se necesita tener buen oído, saber escuchar, saber aceptar realidades de otras personas, saber admitir que *nada es como creemos que es, y que nada se encuentra igual al cómo fue hace un instante*. La verdad es lo que simplemente existe. Pero la manera en la que interpretamos, o juzgamos esta Realidad, ya es otra historia, es historia personal, y no es Realidad. Más grande es la distancia entre la Realidad y la Versión de la realidad, más injusta nos parece la vida para nosotros y mayor es nuestra tristeza por sentirnos engañados por la Vida.

¿Sabes cómo me gustaría representar a la vida en una imagen, o mejor aún, en una película animada? En forma de una pelota de hilo para tejer. La pelota puede tener cualquier tamaño, y el hilo puede tener cualquier color, un solo color; mientras, la sostienes en tus manos y observas la capa superior de la pelota. Y si yo te pido que hales la punta de la pelota y la dejes caer en el piso. ¿Qué verás? Verás que la pelota se deshace cada vez que hales el hilo. Y también verás que esta pelota no está hecha de un solo color, tiene unos cuantos, unidos entre sí por los nudos. Y el largo del hilo de diferente color puede ser más largo o más corto que el del otro color. Cada pedacito del hilo es un acontecimiento que viviste en algún momento. Y si los colores se repiten, significa, que habías re-vivido el mismo suceso varias veces en diferentes dramas. En la unión de los colores se hace un nudo para que un suceso se comunique con el otro y todo tenga relación entre sí. Entenderás, que todo lo vivido por ti te conecta a la misma pelota.

Ahora, haz de nuevo una pelota de hilos que colocaste en el piso. No será fácil hacerlo, porque por muy cuidadoso que fuiste en desarmar la pelota, el hilo se enredará cuando comiences a armar la pelota de nuevo. Del mismo modo, desenredamos nuestras confusiones. Imagina que vas a tejer una pieza de vestir. No importa que nunca hayas sostenido agujas de tejer en tus manos. Imagina que tienes esta habilidad. Cuando termines tu pieza, mostrarás a todo el mundo lo que te salió. Procurarás que todo el mundo vea la parte derecha de la pieza, y también procurarás que nadie sepa de la cantidad de nudos que tiene la pieza en su parte reversa. ¿Por qué no querrás mostrar el reverso? Porque cada nudito representa una equivocación en tus decisiones. ¡Y qué pena sentimos cuando nos equivocamos! ¡Y qué miedo sentimos a que alguien se entere de eso! Queremos ser perfectos, esta es la explicación de este miedo.

¡Mira cuántas cositas te había mencionado en solo algunas páginas! Yo siento muchas ganas de compartir contigo lo que yo había comprendido de cada experiencia vivida y a qué conclusiones llegué después de desenredar los hilos, de cada pelotita que utilicé para tejer mis prendas. Ahora mismo ya no experimento sentimiento de pena por haberme equivocado varias veces. Siento gratitud a todo lo que me había sucedido en la Vida. Así crecí, con tropezones y raspones en el cuerpo de mi alma. Me siento satisfecha conmigo misma. Mientras tenga inspiración de llegar al grano de algo nuevo, crear algo que todavía no había vivido, la Vida me dará tiempo para experimentarlo. Por eso nunca pienses que ya has terminado. Siempre ten al menos un propósito más para seguir aprendiendo antes de que cierres con conclusiones lo que diste por terminado.

No dudo que ya escuchaste mencionar que los pensamientos nuestros se materializan. Y también sabes, que los pensamientos repetidos tienen mayor fuerza. Entonces, vas a entender que todo lo que se repite, tanto en tu cabeza, como por tu boca, te hace "creyente". Todos creemos en algo, aparte de creer o no en Dios.

Creemos tener la razón en algo, pero en realidad estamos muy lejos de ella. Creemos ser muy inteligentes porque tenemos varios diplomas de estudios académicos, pero tenemos fama de ser necios en la vida. Creemos en que ser buenas personas es algo imprescindible en la vida, pero... en realidad nos hace pecadores. ¿Cuál es la causa de esta casi total confusión? Por el momento mencionaré una: La Matriz del Sacrificio. ¿Qué es una matriz? La matriz en sí es un "modelo o patrón" - manera en la que debes pensar para desarrollar ciertas habilidades en gestión de tus necesidades (no carencias) como *el Ser Humano*. Estas necesidades tienen carácter cognitivo. "Quiero saber", "quiero aprender" es el sentido de nuestras Vidas. El "saber" no aparece por aparecer. Algo debe atraerlo. Este algo es *curiosidad*. Si no la tienes, pues no puedes considerarte como el Ser Humano, sino como una criatura en forma humana con manifestaciones de todos los Reinos de la Naturaleza: mineral, vegetal y animal.

Nuestro cuerpo físico se compone de todos los elementos del sistema de Mendeleyev, funciona como fábrica bioquímica, y la echa a andar la electricidad que generan nuestros pensamientos.

El mundo vegetal se expresa en nosotros en otro nivel o campo. Quiero simplificar la explicación hasta lo mínimo. Lo "vegetal" en nosotros se expresa en la *pereza*, en *limitaciones para movernos, desplazarnos, hacer nuestra voluntad*.

Y el reino animal en nosotros se expresa en nuestras *conductas violentas hacia sí mismo y otras personas*, relacionadas con la *sobrevivencia, en primer lugar,* y con el *dominio* – control, territorialidad, jerarquización. Por ejemplo, te puede parecer necesario mostrar a tu jefe tu lealtad al trabajo y por eso no sabes trabajar solamente ocho horas, porque las reglas silentes te exigen trabajar hasta desmayarte. Tienes miedo a perder el puesto logrado con ayuda de alguien, o con tu propio esfuerzo. Y quieres mantenerte ahí, porque te ofrece ciertas facilidades, buen salario, etc. Te esfuerzas hasta que tu cuerpo aguanta. A decir verdad, maltratas tu cuerpo, te maltratas. ¿Es normal? No debería ser normal, pero algunos lo establecieron como normal. El "gobernador" de nuestras conductas animaladas es el *deseo*. Te vas a sorprender bastante si te digo que *Deseo* es el hijo del "matrimonio" entre Miedo y Sentimiento de Culpa. Es una estructura psico-mental altamente violenta y dominante, la que nos mantiene confinados a la Matriz de Sacrificio. ¡Me imagino cómo tienes tu boca y tus cejas ahora! ¿Te diste cuenta, verdad? Y te digo más: deseo es la semilla de todos nuestros problemas. Upsss. Pronuncié palabra "problemas". ¿De dónde pudo haber salido esta palabra? De la *insatisfacción*, no importa si esta insatisfacción es personal o ajena. Cuando menciono al "deseo", el "problema" y la "insatisfacción", veo imagen animada: un caballo cansado está recibiendo golpes de su dueño para que corra más rápido. El rostro del dueño no tiene piedad. Expresa un solo sentimiento: *sed de tener* para después *poder gobernar, controlar, manipular, dominar*. Cuando Deseo alcanza lo que quiso, encierra al caballo cansado sin siquiera darle las gracias y regalarle unas palmaditas por el lomo. El caballo tiene alma. Y esta alma llora de la injusticia, de la necesidad de ser amada, apreciada. Pero tiene mucho miedo a que si no corresponda a los antojos del Deseo, será sacrificado. El pobre caballo aprovecha algo de heno que le tiraron en el establo, toma su poquito de agua y descansa, mientras se le permita. Más grande es el Deseo, menos tiempo tiene el caballo para recobrar su fuerza. Un potro hermoso que era, se convierte en una bestia que no sirve ni para el sacrificio, porque su carne es dura, incomible. Y lo que es peor, el caballo anhela vengarse del dueño. ¡Si logra tumbar de su lomo al amo, será libre!

¡Dios! ¿No es esto lo que deseamos fervientemente? Solo que estamos ciegos y pensamos que los culpables de nuestros confinamientos son la "gente del tribunal".

Grábalo con tinta negra y en letras grandes: *Deseo es el que te mantiene dentro de la Matriz de Sacrificio*. No le conviene que lo sepas. Por eso va a insistir en persuadirte de que yo estoy diciendo mentira, que soy una mujer desquiciada. ¿Crees que te voy a persuadir? No gastaré en esto mi tiempo, ni mi saliva. Es tu decisión si vas a entrar en aquel mundo invisible, que tiene sus reglas. Sin conocerlas, te será imposible ser libre. Nadie te dará Libertad, si no la encuentras dentro de ti. Y mi misión es conducirte por la "oscuridad" para que se convierta en Luz, tu Luz. Y entonces tendrás derecho a llamarte "iluminado". Ser iluminado es nuestro pase en el tránsito hacia nueva formación humana.

¡Pobre Deseo! ¡Lo desprestigié! ¡Lo mostré como un monstruo! Y en realidad, no lo es. Solo cumple con lo que está dispuesto por el Juego Cósmico en su misión con los humanos.

Lo que existe tiene su propósito, siempre. Nada es por casualidad. Y hace falta que nunca olvides: **todo lo que existe tiene dos caras para formar unidad**. Y *nada es tan malo, como parece, ni bueno como se muestra*. También quiero que sepas, que la Creación no es una cosa estática, se formó y ya. "Se formó y ya" solo posible en el mundo físico y tampoco es para la eternidad. En el mundo sutil, formado por nuestras creencias, emociones y sentimientos, las energías son tan "fluidas" que una cosa de repente se convierte en la otra sin que te des cuenta, porque no estás entrenado en percibir los cambios.

¿Crees que los miedos están para asustarte? ¿Que el sentimiento de culpa quiere acabar contigo con las acusaciones? ¿Y que la rabia que sientes pretende destrozarte o destrozar a alguien? Nada es tan simple como tú crees, como te enseñaron tus antepasados, amigos, cultura en la que creciste, tus propias convicciones. Todo tiene su "¿para qué?" y está vinculado a "¿por qué?".

¿Sabías que nosotros, los humanos, no somos los únicos habitantes del Universo, que existen un sinfín de inteligencias? Se dice que cada planeta en cualquier sistema solar tiene su propio propósito en el plan Divino. Y todo lo que existe, conforma un Todo, en el cual cada parte juega su rol de inmensa importancia en el Juego Cósmico. Si, alguien se divierte jugando, como nosotros nos divertimos jugando en las computadoras. Quiere decir, que existe un programa diseñado para la diversión y aprendizaje, para el perfeccionamiento continuo. Y en este juego hay sus niveles. Venciste uno, tienes derecho al otro y así sucesivamente. En el principio tu éxito personal depende en gran medida de los apoyos que te brindan los otros. A la medida de que adquieras mayores habilidades en ejecutar las tareas, los apoyos van a ir desapareciendo, hasta que no quede ninguno. Entonces te convertirás en tu propio único apoyo, con la misión de servir a otros, que en este momento se sienten cojos en algo, están tambaleando. Y no podrás subir al otro nivel sin que prepares a alguien, capaz de vencer el nivel que estás abandonando. No puedes dejar el vacío después de ti. Debe existir la *continuidad.* Si no hay nadie que te siga, no hay posibilidad de subir a otro nivel.

¿Hmmm, para qué ella me lo está diciendo? Para que sepas que el mundo sutil, que en adelante lo llamaré *Universo Negro*, es tan, pero tan atrayente, que si te permite entrar en él, ya no querrás salir de ahí. Primero te permitirá "meter la nariz". Si eres suficientemente curioso, te permitirá "levantar" la cortina. Y si vas a insistir en quedarte ahí, te exigirá "tener suficiente brillo y potencial de tu Luz" y tu primera tarea sería servir de farol a los que están dormidos en el Universo Blanco. Tendrás "trabajo" garantizado para la eternidad. ¡Suena genial, verdad! Primero, cuando entres, tendrás "criaturas" que te van a cuidar como si fueras un bebé, pero no podrás verlas.

Normalmente la gente llama a estas "criaturas" *milagros.* Después, como en aquel filme de Harry Potter, aprenderás a hacer tu "magia" y estarás listo para co-crear en conjunto con los Maestros. Y lo más difícil es asimilar como verdad que todo lo que existe en infinitas manifestaciones de la Vida es la mismísima imagen del Creador, su plan, su juego, su diversión basada en la *exactitud* y la *perfección*.

Quiero decirte que los que estamos en la Tierra realmente no pertenecemos aquí. Elegimos explorarla. Y esta belleza nos hechizó, nos hizo "firmar" un trato con ella: nos liberaría si le enseñamos y le entregamos parte de nuestra Luz y ella renacerá como un cuerpo Consciente. Bajamos a la Tierra en nuestras "naves" como expedicionarios de diferentes Constelaciones. Nuestra misión fue unir nuestras mejores habilidades para crear al Ser Humano Terrenal. Y la Tierra nos enseñara a amar. La Tierra cumplió con su tarea: entregó absolutamente todo, como una Madre Amorosa, y la Humanidad la traicionó con su avaricia. La saqueó, la devastó. Si piensas que no habías participado en este acto vandálico, te equivocas. Si todavía no hemos regresado a nuestras estrellas, es porque nos quedamos "dormidos". Y muchos de los que están ahora acá, son los valientes que vinieron a rescatar a sus expedicionarios perdidos en la ilusión. La Tierra esta "furiosa". Pero también está agradecida a los iluminados - el intercambio se efectuó. La Tierra está consciente y muchos de sus habitantes autóctonos ocuparán el lugar de los Humanos y gobernarán a la Tierra con Amor y Respeto. Gobierno Perfecto. ¿Humanos? Los dignos tendrán su lugar en ella. Los animalizados - lucharán por su sobrevivencia y su lugar bajo el sol. Supongo que muchos serán transferidos a otros espacios cósmicos y su energía será reciclada. Los *dignos* siempre van a regresar a la *Fuente* en espera de su nueva misión.

LA MATRIZ DE SACRIFICIO

Ya te diste cuenta de que me encanta usar las metáforas. Es un instrumento muy provechoso para fortalecer el aprendizaje y optimizar la memoria. Las metáforas ayudan a crear asociaciones, representadas en las imágenes animadas. Todo lo que serás capaz de crear a nivel mental usando tu imaginación creativa, será aprovechado por tu cuerpo para renovarse, rejuvenecer, sanarse. Imaginación creativa es un poderoso método de curación de traumas emocionales, vividas consciente o inconscientemente, en cualquier etapa de tu vida. En fin, usar imaginación creativa para hacer tus películas animadas, puede apoyarte en alcanzar tu éxito. Vamos a tratar ahora de "ver" cómo se ve la Matriz del Sacrificio. Desde luego, la Matriz no se puede ver, en realidad. Pero si creamos su imagen animada, podremos ver cómo funciona, y si sabremos cómo funciona, podremos burlarla para salir de ella. La Matriz de Sacrificio tiene como propósito quitarnos la individualidad y mantenernos como manada de ovejas. Lo alcanza a través del miedo bien particular – miedo a no ser amado (MANSA). Siempre cuando menciono este miedo, muchísimas personas no aceptan tenerlo. Y sin embargo, está presente absolutamente en cada persona hasta el momento que la persona se libere de su letargo y se desancle, al menos parcialmente, de lo que sabe y en qué cree. ¿Cómo puedo identificar si MANSA está activa en mí? ¡Importantísimo! – miedo se expresa en palabras, solo en palabras, porque es una construcción mental, existe nada más que en nuestras cabezas – en nuestras creencias (yo creo que…, estoy seguro de que…, siento que…). Puedes considerar, que *miedo es una suposición tuya que provoca tremendas tormentas.* Miedo chiquito - y te atormentas un poco, nada más, momentáneamente cambia el ánimo. Miedo moderado – y el periodo de preocupación es más largo que periodo de alegría y seguridad. Miedo grande – y las olas son implacables, te devoran en luchas por alcanzar tus metas, no importa el precio que debas pagar. Miedo, cualquier miedo (no a los bichos y cosas extrañas), te atrapa con los *deseos* y *no deseos*. Cuando dices: "yo quiero…" ¿qué palabra regularmente utilizas después de "quiero"? Claro, un verbo. ¿Y cuál es el verbo? El verbo más usado es *tener*. Podrías usar otros verbos, pero todos ellos tendrán el significado de "tener". Mira esto: "Quiero comprarme un vestido nuevo. En mi ropero ya no queda nada que ahora se use", "Quiero comenzar a ir al gimnasio, estoy pasada de peso, además, hacer ejercicios ayuda a mantener la salud y quiero socializar. Casi todas mis amigas se reúnen ahí." Ya te he mencionado, que todo tiene dos caras – visible e invisible (polo positivo y polo negativo, no se trata de lo bueno y de lo malo). Prueba ahora encontrar el mensaje invisible que envías desde estas frases. Si antes ya participaste en este juego, te será bien fácil revelar lo invisible. Pero si estás haciendo esto por primera vez, puedes sentirte algo perdido. Te voy a dar el Norte esta vez. "Quiero comprarme un vestido nuevo. En mi ropero ya no queda nada que ahora se use, no me veo a la moda = no soy atractiva; me van a mirar menos; pensarán que…, cómo consigo el dinero, cómo lo digo a mi marido (mamá, papá)… Los hombres hoy en día también se preocupan mucho por su apariencia física. Así que, no hay mucha diferencia en lo que sienten las mujeres y los hombres cuando quieren comprar una prenda nueva. Si te pido que nos sumerjamos más profundamente en la frase, el mensaje se abrirá como un abanico. La conclusión que yo saco es la siguiente: las mujeres nos vamos de "pesca", y los hombres van de "cacería". Estas dos "actividades" tienen como objetivo – obtener objetos materiales para sacar de ellos nuestros beneficios. Y también ambos sexos simplemente *quieren lucir*. ¿Y para qué quieren lucir? Para atraer la atención. ¿Y para qué quieren atraer la atención? Para sentirse *aceptados, valorados, aprobados.* Prestar atención a alguien, en primer lugar significa *te acepto* en este momento – recibir permiso para estar dentro del corazón de alguien. Y si colmamos a alguien con nuestras atenciones significa *yo quiero que me ames,* no significa *yo te amo.* ¡Cómo te confundo! ¡Resista, por favor! ¡Sígame y llegaremos!

Los hombres aprecian en la mujer, en primer lugar, su belleza física. Las mujeres aprecian en el hombre... cierto... el tamaño de su bolsillo. ¿Y si la mujer no posee o cree que no posee, belleza física? ¿Qué va a hacer? ¿Qué va a hacer el hombre si su bolsillo no corresponde al tamaño de la expectativa de la mujer? La mujer va a mechar su inteligencia. El hombre va a trabajar más, tanto intelectualmente, como físicamente. El hombre prefiere a la mujer bella, antes que inteligente. La mujer prefiere al hombre inteligente porque la inteligencia puede ensanchar su bolsillo.

En fin, como en todos los cuentos de hadas, siempre tenemos tres deseos que, si tuviésemos suerte, el pez dorado los haría realidad. ¿Cuáles son estos deseos? Quiero tener (¿Qué quieres tener?), Quiero ser... Quiero gobernar = *QUIERO TENER PODER*. Sin el poder no nos sentimos dignos de amar, de respeto, de felicidad. Creemos, que para ser amados se necesita tener ciertas cualidades que nos harán *merecedores de amor*. *Nacimos con estas cualidades y nuestra necesidad es desarrollarlas.* El miedo nos hace creer en que *debemos cultivar* nuestras habilidades. Quiere decir que alguien debe sembrar las semillas y este alguien (los padres, las escuelas, la sociedad, uno mismo) debe *preocuparse* que de la semilla sembrada, salga lo que uno plantó. Y si en el campo plantado sale "mala hierba" - eliminarla.

Matriz de Sacrificio -simbólicamente- quisiera representarla en la siguiente imagen animada. No sé si te gustan las arañas, o les tienes miedo. Estos insectos tejen sus redes tan resistentes, que pueden aguantar tremendo peso encima. Así atrapan a sus víctimas, en las redes. Nuestra araña, para tejer la red y atraparnos, utiliza deseos de *obtener, tener, poseer* = *ser dueño de algo*. Ser *dueño de algo o de mucho* te hace sentir *con derecho a...*. La red se teje precisamente de los conceptos "ser dueño", "tener lo mío". Todo se engloba en *tener poder, ser el mejor.* La cabeza de la araña percibe nuestros miedos y nos atrapa por nuestras "expectativas", "esperanzas", "anhelos", "sueños" – *ideas falsas*. Estas ideas nos hacen creer que *todo lo que deseamos es necesario*. Cuando ya estamos atrapados en la red de Deseos, y la araña está lista para degustar su "comida", en su "estómago" se produce un ácido, llamado "sentimiento de pena". No existe nada tan poderoso para convertirnos en polvo como *sentimiento de pena* o sentirnos *avergonzados.* **Deseo ser amado** es la trampa principal de la Matriz del Sacrificio. Estoy segura, sabes que la tela de araña tiene "hilos" a la redonda, e "hilos" que unen los círculos entre sí. Los "unificadores" son: *exageración, insatisfacción, sacrificio, culpa, ira, dependencia* e *impotencia.* Cada "unificador" produce sus propias sustancias pegajosas que nos pueden inmovilizar rápida o paulatinamente. Todo depende del grado de nuestra *tristeza* y *miedo*. Quiero dejar claro: los hilos no funcionan por separado. Todos simultáneamente "segregan" su poquito o mucho de sustancia pegajosa, independientemente en qué hilo nos pegamos.

Mencioné como el primer hilo "unificador" a la *exageración.* ¿Cómo se creó, o qué lo había producido? Idea falsa que se expresa en las siguientes palabras: *debo, tengo que, obligación, compromiso, control, obediencia* o sea, la exageración proviene del mismísimo *miedo a no ser amado*. De la *exageración* se deriva absolutamente todo, lo que nos aniquila como Seres Humanos. La exageración nos animaliza, nos quita el *sosiego*, la *seguridad en nosotros mismos*, la *prudencia, acalla* nuestra *cordura* para que dudemos de lo obvio. La *exageración nos ofrece **zonas de confort**.* Pero, precisamente ahí, en estas *zonas de confort* radica la *degradación*. Para estar en zonas de confort, creyendo que esto es maravilloso, pagamos con *aceptar las imposiciones, permitir las exigencias, voluntariamente someternos en todo tipo de competencias para destacarse, en vez de ser competentes en todas nuestras gestiones vitales.* Exageración utiliza a la *ilusión*, la que funciona como una droga. Sencillamente saca a uno de la Realidad Objetiva.

Dentro de la Realidad Objetiva, compréndala como: "todo tiene sentido de ser y estar para tu progreso, perfeccionamiento, evolución; nada es por casualidad, sino por *causalidad,* existe *zona de seguridad".* En esta zona radica *exactitud.* Acá todo sucede en el justo momento, en el lugar preciso, con las personas indicadas, de modo óptimo, con el uso de la fuerza necesaria para obtener resultado satisfactorio. Yo llamaría a esta zona "paraíso" porque precisamente la *exactitud* crea la *abundancia y el éxito.* En esta zona no vas a encontrar deseos. Aquí todo se maneja con el *sentido de responsabilidad* o con la *conciencia.* En la zona de confort obedecemos a nuestras *emociones, estados de ánimo.* Aquí está ausente la *razón*. Zona de confort se maneja por la *inteligencia* – mezcla de cordura con deseos. En zona de confort buscamos *provecho*, o sea, tenemos semejanza con los insectos que chupan sangre. En zona de seguridad se desarrolla el perpetuo proceso de transformación – *perfeccionamiento de lo perfecto* – **evolución**.

Los Conceptos que yo trato, se diferencian de lo que puedes encontrar en los diccionarios. Por eso desde ahora me gustaría crear nuestro "léxico especial" para poder comprender los fenómenos que nos toca experimentar.

Zona de seguridad: no se reduce, solo se amplía. Zona de confort tiene límites, en los cuales ocurre transformación en los contrarios: lo bueno se convierte en lo malo, lo muy bueno se convierte en lo muy malo y viceversa. Los que prefieren vivir en zonas de confort los llamo "fronterizos". En zona de seguridad ocurren otros procesos. Aquí está en permanente ascenso la calidad de la vida, asciende el nivel de libertad, por tanto no hay necesidad de control.

La exageración se extiende en dos direcciones: hacia "más" y hacia "menos". Más alejado del centro es el punto de exageración del individuo, más nocivos son sus efectos en todas las esferas de su vida. Para estar a salvo, se necesita acercarse hacia la zona de seguridad e introducirse en ella. La única manera de ingreso es el *SABER Y SU APLICACIÓN.* Saber y no aplicar es absolutamente peligroso. Lo *guardado* genera toxinas. Sufre, en primer lugar, la cabeza. Y sin tener cabeza, nada funciona.

Deseo siempre crea expectativas. *Las expectativas* suelen generar *insatisfacciones.* A partir de las insatisfacciones se desata *reacción en cadena*. A partir de las *insatisfacciones* permitimos a la *tristeza* adueñarse de nuestras vidas y abrimos entrada para todo tipo de enfermedades: leves, moderadas, graves, incurables, crónicas... El antídoto para la tristeza es combinación de *aceptación, gratitud y perdón*. Si no se logra crear esta combinación, pues nos van a devorar *frustración, decepción, depresión, pérdida del sentido de vida,* y al final la muerte nos liberará del sufrimiento.

Nuestros deseos siempre nos van a exigir sacrificarnos. *El sacrificio* obligatoriamente incluirá en sí al *compromiso, deber, obediencia y control*. Y por mucho que nos esforcemos bajo presiones de todos los "tengo que" y controles evaluativos, jamás expresaremos total satisfacción en el punto final de lo trazado como obligatorio cumplimiento. El esfuerzo va a superar en creces al resultado. Uno hasta puede sentir "no valió la pena". Y si va a insistir en "de todos modos valió la pena", le espera el confinamiento en el *sentimiento de culpa* por "no logrado", por errores cometidos, por no cumplir con expectativas ajenas y propias. *Sentimiento de culpa* es el "unificador" con la mayor *potencia* de deshabilitar para siempre *nuestra paz interior*. Perdemos fe en nosotros, en el prójimo. *Crítica* va a generar *castigo*. *Castigo,* a su vez, hará sentirte *humillado* y el "vaso desbordado" por la humillación, hará de ti a un *victimario.* La culpa por... y el victimario activarán en ti al *menosprecio* de sí mismo y de los demás. Vas a mentir, *adulando* a los "perfectos".

Sentimiento de culpa va a sacar de ti *actitudes de egoísmo*: *perseverancia, terquedad, tenacidad, envidia.* La lista de actitudes de egoísmo es larguísima. En todas estas actitudes domina la *ira. La ira* no es una emoción sino un *estado psico-emocional basado en la disposición de luchar, permanecer constantemente en actitud de guerra* por tal de lograr el objetivo trazado. *La voluntad es aplastada por la FUERZA DE VOLUNTAD. Aparecen el envidioso, el orgulloso, el prepotente, el egoísta, el mejor, el arrogante.* Cualquiera que participe en cualquier guerra siempre será un perdedor. Gana aquél que no pierde nada, en el estado de guerra esto es imposible. La guerra quiere decir ausencia de paz. Cualquier guerra es destrucción en primer lugar, cuantiosas pérdidas. La ira sumerge al individuo en un tormentoso mar emocional-sentimental. *La tristeza, la cólera y la impotencia* mantienen al individuo "ahogado". Los momentos de "tregua"; que son muy cortos, permiten al individuo coger un sorbo de aire para no perecer entre batalla y batalla. En la lucha por sobrevivir, no existe tiempo para pensar, solo para reaccionar. Es más, el individuo no tiene tiempo.

Y cuando llegue el cansancio a causa de "no lograr", "no cumplir", "no poder más", vas a experimentar la *impotencia*. Y entonces llegará la sensación de la *injusticia.* En ella te vas a sentir *victimizado, incapacitado, e irresponsable*. **La impotencia es la máxima expresión de la pérdida de la capacidad del individuo de ser dueño de sí mismo, de ser responsable por sí mismo y de ser creativo.** La impotencia te arrastrará hasta la *dependencia.* Depender de alguien significa *obedecer, ser disciplinado para cumplir, subordinarte a la voluntad ajena.*

Así funciona la Matriz de Sacrificio. Sé atento contigo mismo para que te percates de lo que experimentas a nivel emocional, definas el nombre del estado o de emoción. Las emociones y los sentimientos juegan un rol importantísimo para oportunamente avisarnos de probables colapsos a causa de la toma de decisiones equivocadas. No se deben *controlar* las emociones. Hay que permitirles expresarse y entender sus mensajes. Siempre nos indican que repetimos el mismo programa nocivo. Programa – miedo. Todo lo que está encerrado dentro de nosotros, está esperando su liberación. Solo liberando, seremos libres.

CASI TODO ACERCA DEL MIEDO GENEROSO

Espero haberlo dejado bien claro: *el miedo es el causante principal de nuestras decisiones equivocadas, interpretaciones erróneas*, por eso puede considerarse como algo absolutamente negativo. Pero no es así. No existe nada absolutamente negativo o positivo. Miedo también tiene dos polos y del negativo se debe aprender a sacar provecho.

El polo positivo del miedo se muestra en su misión de *impulsar* al ser humano hacia la *incertidumbre-desconocido* con el fin de *conocer-saber*. La incertidumbre o lo desconocido es como un túnel negro dentro del cual no se puede ver nada. No puedes evadir este túnel, debes entrar y encontrar "luz al final del túnel". En la medida que progresas por el túnel, tus sensores se agudizan y percibes todo lo que te espera en el trayecto. "Luz al final del túnel" significa "*aprendí*", "*ya sé*". En este sentido, Miedo es un Gran Maestro, bien amoroso. Nos enseña a *no correr, salvaguardarnos, ser creativos en el camino hacia la Luz, nos da 3 oportunidades para aprender de los errores propios y ajenos*, también *nos despierta del letargo de la ilusión – sueño.* Ves, como en los cuentos de hada de nuestra niñez – solo tres oportunidades. ¿Y después? ¿Si no acierto en mis tres intentos, qué será? Tendrás la obligación de entrar en el túnel y moverte en él teniendo en cuenta tus intentos anteriores. *Necesitas llegar hacia la Luz*. Si no tuvieras valor de hacerlo, estarías en la oscuridad del túnel. En este sentido, Miedo nos enseña a *ser valientes*. *Quieras o no, pero tu misión es llegar a la* **comprensión**.

Aparte, Miedo participa en la *creación y conservación de nuestros valores humanos.*

¿Cómo llega el miedo a nuestras vidas? En primer lugar el "programa" Miedo está incluido en el plan de nuestra vida terrenal. Siendo nosotros criaturas no solamente humanas, terrenales también, nos toca luchar por nuestra sobrevivencia. En la Naturaleza somos seres superiores entre todos los reinos existentes porque poseemos inteligencia transformadora. Tenemos derecho a usar (comer) a los representantes de los reinos inferiores. Es lamentable, que en vez de ser agradecidos por este derecho, explotamos a los "menores". Nuestra lucha por sobrevivencia se torna alrededor de *tener dinero*. Precisamente dinero nos garantiza nuestra comida, ropa, objetos de todos tipos. El dinero *vive* en el Universo Blanco. Todo lo que se ve, se mueve, se muestra, pertenece al Universo Blanco. Nosotros también vivimos acá. O sea, simultáneamente estamos en dos universos – en el Negro y en el Blanco. En el Blanco tenemos miedo a morir de *no tener suficiente dinero.* En el Universo Negro tenemos miedo a morir de la *vergüenza*. En el Universo Blanco aprendemos a ser *solventes, autónomos, creativos.* En el Universo Negro aprendemos ser *dignos, responsables, independientes, sabios*.

Probablemente te son conocidos conceptos de Karma y Destino. No es el momento para hablar de ellos ampliamente. Ahora mismo me importa que sepas que el Karma está del lado de Universo Blanco, el Destino está del lado de Universo Negro.

En el Universo Negro tenemos que movernos también, pero no para ganar dinero, sino para alcanzar a los *adelantados* (lideres), a los que están a un paso delante de uno. Aquí tenemos miedo a *perder apoyos – quedarnos solos,* o sea, que nos tiren en abandono, no nos presten la atención, lo que en suma da *miedo a no ser amados*.

El túnel, sin que nosotros nos estemos moviendo en él, adquirirá característica del *laberinto*. Entenderás que salir del laberinto no es tan simple. Solo en el principio el laberinto nos parece a un *juego*. Después de varios intentos fallidos de salir, el laberinto toma características de *callejón sin salida.* Esto aterra y succiona fuerzas vitales.

Nuestros primeros apoyos en la vida son nuestros padres. Si entre ellos existe verdadero amor de pareja, si son espiritualmente fuertes (concienzudos), la criatura tiene suerte de tener apoyos firmes. ¿Y si los padres no poseen estas dos condiciones? Entonces sentimos miedo a desaparecer, *no ser*, porque sin los apoyos o con los apoyos flojos sencillamente existe peligro de caer en el vacío. Vamos al circo. Imagina estar en la arena del circo y te ordenan subir a la cuerda floja. La primera vez sentirás pavor a matarte. Pero con buenos instructores al lado, sentirás seguridad de que no te pasará nada malo. Eso deberían ser nuestros padres – *instructores*. Pero, aparte, también deberían ser nuestros *entrenadores*. No es suficiente instruir – decir cómo deben ser las cosas. Ha de entrenar a los hijos en lo que se les enseña. O sea, a los hijos hay que crearles condiciones de "riesgo justificado" para que aprendan a ser Maestros de sus propias vidas, sin ser idénticos a los padres o iguales a los ídolos que eligieron para seguir.

Ahora, piensa que acabas de nacer. Puedes reconocer a tu mamá y miembros de tu futura familia solo por sus voces, porque estando en el vientre materno aprendiste a reconocer quién es quién, lo que sienten respecto a ti y a tu madre. Y cuando tomes el primer sorbo de aire para comenzar a pertenecer a la Tierra, no reconoces las voces que estás escuchando. ¿Qué sientes? Te abandonaron a los que tú llegaste a amar, a los que consideraste como los tuyos. Pero en realidad, nada de esto había pasado. Simplemente el sistema de salud no permite al padre asistir al parto y ser el primero que tome al bebé en sus brazos. Miedo al abandono es el mismísimo miedo a no ser amado. Cuanto más grande es este miedo, más complicada será la vida para su nuevo habitante.

La inteligencia humana está "programada" para que le tengan interés, la tengan en cuenta. Por eso sentimos necesidad de ser útiles. Y el grado de nuestra utilidad lo vemos en las valoraciones de a quiénes servimos. Frases tan conocidas como "yo valgo mucho", "no saben lo que tienen", "me lo van a pagar", probablemente, tienen sus raíces en el deseo de ser útil. Y, puedo pensar, que tan propagada *venganza* toma su inicio en el deseo frustrado de ser útil a alguien. Imagina qué repercusión puede tener frase como "eres un inútil". Precisamente aquí el miedo se pone en función de la protección de la esencia, por un lado, y la protección de la vida manifiesta, por el otro. ¿Qué es esencia? Es nuestra *inmortalidad*, nuestra *conexión con la Fuente de Todo*. Muchos prefieren darle otro nombre, como

Dios, por ejemplo, el Absoluto... No importa el nombre, importa la esencia del concepto utilizado. Internamente el individuo elabora sus propios códigos ético-morales, los cuales no violará bajo ninguna circunstancia. O sea, cada criatura humana en esencia es un santo.

Mientras pasamos por el proceso de crecimiento físico, nuestros apoyos serán nuestros padres, familia, amigos, colegas y libros. Necesitamos de estos apoyos para alcanzar autonomía, independencia, libertad. Los apoyos "fallidos" o deficientes habrá que reemplazarlos. Pero nunca debemos juzgar a nadie por ser "flojos". Ellos no fueron beneficiados con el amor de otros, por eso les falta Luz. En vez de juzgar y criticar, merecen ser nutridos con nuestro amor y necesitan ser perdonados. También nosotros necesitamos perdonar para no _guardar rencores y resentimientos._ El verdadero perdón y liberación de los sentimientos y emociones _apresados_ es posible, si llegamos a la _comprensión_ de cada experiencia vivida.

"Territorio" del miedo se encuentra _entre_ lo invisible y visible, entre lo material y espiritual. ¿Qué significa "entre"? Es _soledad acompañada por uno mismo, trayectoria personal, límites_ que no se violan en ninguna de las circunstancias. _Entre_ es YO SOY, es mi zona de seguridad. Si violo estas fronteras-límites, dejaré de ser YO.

En la Tierra debemos adaptarnos al miedo. Primeramente se siente estar desorientado y experimentamos necesidad de _descubrir_ **quién soy**. Para ello vamos a necesitar "_señalización_", parecida en su concepto a las señales de tránsito: reglas, de comportamiento (códigos, reglamentos, estatutos, constitución) mientras me encuentro en mi búsqueda. Este es el camino hacia los principios ético - morales *inviolables*.

Todos nacemos ángeles. Nos convertimos en diablillos por falta de amor. Si no sentimos que lo estamos recibiendo, lo buscaremos en la *violencia.* Al *no recibir el amor* = no sentirse amado, nos va a visitar el *dolor.*

Dolor es el *instrumento de protección* del cuerpo, y de alma, que es un *intermedio* entre el cuerpo y la esencia. El dolor señala que la criatura en el cuerpo humano es *ignorante*. Sin la protección del dolor, el *ignorante* se convierte en el *mediocre*. Supongo, ya puedes entender por qué hay tantas personas enfermas y con tantas enfermedades crónicas, graves e incurables. La *mediocridad* es la flor y el fruto de la *exageración.* Para que te sea fácil comprender cómo una cosa se convierte en la otra, vamos a ver otra imagen animada.

Tomemos en la mano semillas. La semilla simbólicamente podría significar *amor concentrado* o plegado. Si prestamos atención a la parcela sembrada, la tratamos con dedicación y amor, al cultivo no le atacará ninguna plaga. Si no tenemos suficientes ganas para cuidar el sembrado, el cultivo estará debilitado por hierbas malas – *lo sabio dará lugar a lo ignorante*. Y si dejamos de ocuparnos de nuestra siembra, entonces se perderá toda la cosecha, por cualquier razón – *la ignorancia sin ser atendida a tiempo, se convertirá en la mediocridad.* Como ves, para que lo malo no se convierta en lo peor, ha de estar atento y consciente de que la *exageración* simple inadvertidamente puede convertirse en un *arma asesina.*

Tal y como yo entiendo al Miedo, me gusta rastrearlo por alguna de sus tres características: miedo a la incertidumbre, a que se repita, a que pase lo mismo que pasó al otro. Mayormente tenemos encuentros con el miedo "a que me vuelva a suceder" y a "que me suceda lo mismo que a fulano". Me gustaría reforzar la idea, de que el Miedo tiene función de *mantenernos alerta* = salvaguardarnos.

En la vida es muy importante saber con quién tú estás tratando. Nunca debes tratar mal a nadie. Miedo es como un ser vivo, no importa que no lo puedes ver en su cuerpo. Pero lo escuchas. Y si te habla, puedes conversar con él y expresarle cómo te sientes en x-situación y preguntarle qué mensaje te quiere dejar. No puedes decirle "fulano". Necesitas llamarlo por su nombre, por ejemplo: "miedo a quedarme sola", "miedo a ser engañada", "miedo a no ser considerada "buena", etc. Si no reconoces la presencia del miedo, entonces te parece que eres un ser corajudo, muy valioso. Nunca se debe *maltratar* al miedo, desafiándolo, huyéndole, ignorándolo. El miedo espera de nosotros una *conversación civilizada*.

Para no tenerle tirria al miedo, hay que conocerlo a fondo. Así y solo así nos sentiremos agradecidos por enseñarnos a ser verdaderamente valientes.

Si sentimos dolor de cualquier tipo, tanto en el cuerpo, como tristeza en el alma, significa *me dejé en abandono*. Y esto es inadmisible. En este caso el *miedo generoso* estará obligado a ser *cruel*. *Dolor* es nuestro *derecho a la evolución.*

El propio concepto de miedo da inicio a cualquier cultura como tal y, particularmente a la *cultura de comunicación.* En esta cultura de comunicación nosotros mismos nos prohibimos algo y de este modo nos *humanizamos*.

Al ser humano se le permite perder cualquier apoyo, menos el apoyo sobre sí mismo, lo que se descifra en *tú existes, estás, a pesar de todo y debes continuar viviendo*. Murieron tus padres, te abandonaron tus amigos, los apoyos pueden sustituirse por otros, puedes transformarlos, pero *debes estar listo para la pérdida de apoyos*.

No debería prohibirse sentir miedo. Lo que debe prohibirse es violar principios del Ser Humano.

Miedo en sí es una *sustancia conceptual*. Existe para comprenderla y aprender a trabajar con ella sabiamente. Con esto se va a desarrollar la lógica, se va a "colonizar" el vacío. Para construir los apoyos, uno *está obligado* a *dominar ampliamente el léxico del idioma en el que habla.* Nunca se debe violar el marco de los conceptos. *No se debe alzar la voz, ya que en este caso lo mental se convertiría en la energía; no se debe gritar porque en este caso el miedo se mostraría como el gato con la espalda curva. El miedo siempre debe ser "cóncavo", como el gato cuando lo acarician.* Es la única manera de poder lidiar fácilmente con cualquier miedo, modificándolo.

Quería subrayar, que el miedo se encuentra entre los programas genéticos de nuestros progenitores. Nosotros de algún modo los absorbimos. Por eso _cualquier alza de voz, el grito, deseo de manipular a alguien con las palabras_ conduce a la violación de las leyes ético - morales, de aquellas prohibiciones que forma miedo. Y aunque nos parezca extraño, _si liquidáramos miedo_ desaparecerá la inteligencia o el hombre educado, aquella capa cultural de la sociedad que siempre trataba de ir hacia las estrellas, volar a los cielos.

Para que el miedo continúe siendo _generoso,_ no debe cerrarse en un anillo – convertirse en ciclos, o sea, las conclusiones acertadas deben sacarse desde el primer intento. ¿Recuerdas el túnel? Tiene forma de tubo, a través del cual obligatoriamente se debe pasar. No se puede parar dentro del miedo, estabilizarlo. Primero se hace un paso hacia adentro del miedo, después este miedo sutilmente se modifica en el dolor. Primero sacas el provecho del miedo, después – del dolor, y finalmente se saca el provecho de las prohibiciones personales que uno se premia a sí mismo como persona culta. Entonces después puedes decir: "Esto no me lo permitiré jamás. Jamás violaré estos límites, porque _tras estos límites no seré YO_".

Ser persona culta, instruida es extremadamente difícil. Por eso cada persona inteligente está _obligada_ a transitar por el miedo, obligatoriamente. Y lo _inadmisible_ es _vivir dentro de los miedos o entre ellos_. Siempre hay que cruzarlo, como se cruza el río a pie. Ha de saber, que miedo no es algo concreto, es algo entre, es el deseo insaciable de llegar, encontrar la salida. Cada "callejón sin salida" significa que no obtenemos el resultado plasmado, significa que no logramos crear a una persona culta, no obtendremos aquella masa de personas que logre crear *sus propios marcos* de prohibiciones o principios ético - morales.

Y finalmente llegamos hacia nosotros mismos, cuando dentro de ti se crearon todos los apoyos ético - morales, *el miedo se acabó*, pero tú estás consciente de que el miedo existe y si en algún momento dejaras de moverte, el miedo otra vez te alcanzará, y de nuevo tendrás que hacer el mismo camino, lo quieras o no, y esto puede suceder en cualquier momento de tu proceso de creatividad.

En la creación o creatividad y en la cultura es prácticamente imposible acumular x-experiencia porque todo se hace desde cero, de nuevo. Muchos deseamos ser reconocidos por nuestros logros. ¿Será esto tan bueno como creemos? Pues es maravilloso cuando dan valor a tu obra. Pero tú no deberías sentarte en los laureles, porque sentado no alcanzarás la realización, porque serás como algo hecho ya, algo concreto, y vas a manifestar tus logros como percheros para la ropa con tu propia etiqueta. Y de este modo se terminará aquella *creatividad* necesaria para cada individuo; es el paso hacia el precipicio, hacia el vacío, es el paso entre los apoyos. Realmente, *el miedo necesariamente debe estar presente, debe existir*.

MIEDO MENSAJERO EN EL PLANETA SER HUMANO

Ya te había descrito la Matriz de Sacrificio y te presenté al Miedo Generoso. Presumo la confusión que yo podría generar en tu cabeza. Si el miedo es tan "bueno", ¿por qué está dentro de una matriz tan desagradable? Dentro de la matriz estamos viendo "alucinaciones" – películas de nuestras interpretaciones de la Realidad, o sea, *la verdad es lo que yo creo que es verdad.* ¡Vaya, que trabalenguas! Para que nos acerquemos a la Realidad y penetremos en la zona de seguridad, entra en función *miedo mensajero*. El "mensajero" es como un "agente encubierto" – aparenta ser el malo para penetrar lo malo y desactivarlo. O sea, *limpia el camino hacia el éxito, hacia la plenitud*. Su mensaje principal es "*estás estancado, hora de moverte y mover tus sesos".* Y los mensajes vienen algo "cifrados". Cada individuo tiene sus propios códigos, pero todos los códigos tienen la misma raíz. La intuición es la primera que alerta del desvío del camino. Rara vez le hacemos caso. Después podemos recibir mensajes de alerta de personas más allegadas. También le hacemos oídos sordos. Tercera vez: la alerta viene directo al oído – no hagas esto, porque ya te va a doler. ¡Increíblemente, nos gusta sufrir! El "mensajero" informa de la causa del sufrimiento. El sufrimiento siempre está acompañado por el dolor, no solamente físico. El "mensajero" debe volvernos a la consciencia. Dentro de la matriz no estamos conscientes. La misión del *miedo mensajero* es *salvarnos del desastre espiritual* – no permitir la deshumanización.

El "mensajero" nos encuentra en *zonas de turbulencia.* Estas se encuentran en los límites de las zonas de confort. Ahí nos batimos en la *incomprensión*, entregándole nuestras fuerzas vitales. En zonas turbulentas hay mucho ruido en forma de constantes pensamientos en los cuales nos perdemos, nunca sabemos con certeza hacia dónde ir, qué elegir, qué decidir. Aquí pronunciamos: "no sé qué hacer", "no sé qué decir", "no sé…", "que tú crees". Aquí habita la *duda, el rechazo*. Una vez pronunciado "*no quiero*" ya es una alerta de que estás en zona de turbulencia, al igual que "*No* sé". Cueste lo que cueste hay que salir de ahí. El "mensajero" no se muestra como alguien generoso. Su misión es ser duro y hasta cruel con nosotros. Es amenazante, paralizante, es aniquilador de nuestra voluntad. Sin voluntad dejamos de ser seres humanos, nos convertimos en robots y marionetas. Solo con la actividad del "mensajero" está activa al 100% la Matriz de Sacrificio. Nuestra individualidad está dominada por el *criterio de masas*. Está *prohibido pensar*. Tienes *deber a obedecer, cumplir y hasta obligación de morir para probar que eres leal*. Piensa bien, ¿en qué zona te encuentras ahora?, ¿Dónde estás mayormente? Nadie podrá rescatarte de las garras de la Matriz, si no lo haces tú mismo. ¿No sabes cómo hacerlo? Tengo todo un arsenal de "libritos" que en conjunto se convierten en un *manual* de salida, en la *brújula* para que te sea posible orientarte en la oscuridad. Estoy dispuesta a entregarte "visión nocturna", pero solo si tú estás dispuesto a salir de la ignorancia. ¿Te ofendió mi insinuación de que eres ignorante? Ignorante no significa "imbécil". Ignorante es el que *ignora lo obvio*.

Espera, habías determinado tu posición en el *ahora.* Lo mismo puedes hacer con cualquier evento con tu participación en el pasado. No olvides, que *evento es actividad colectiva*. Puedes "tomar muestra" de cualquier evento vivido y analizarlo, en primer lugar, a la determinación de las zonas que ya te había mencionado: zona de seguridad, zona de confort, zona de turbulencia, - y analizar el tiempo que estuviste en cada zona. Por ejemplo, el matrimonio. El matrimonio es un evento que dura en el tiempo. Supongamos: vas a tomar para análisis un año de tu matrimonio. Divide este año en meses. Asigna a cada zona un color específico. Frente a cada mes muestra con el color la zona en la cual estuviste más tiempo. Puedes utilizar varios colores para reflejar tu posicionamiento, dibujando líneas de diferentes extensiones. Encuentra tus sentimientos en cada tramo que dibujaste. ¿Qué habías experimentado y por qué lo habías experimentado? ¿Qué te había molestado y qué te había agradado? ¿Cómo te hubiese gustado vivir el mes? Elige ahora un cuarto y quinto color para representar tu *satisfacción e insatisfacción*. Y traza la línea en dos colores mostrando el tiempo de la satisfacción y de la insatisfacción. El tiempo que predominó, márcalo con una "S" para la satisfacción, y una "D" de disgusto para la insatisfacción. Así vas a tomar conciencia de cómo viviste el matrimonio durante el periodo elegido y qué se necesita cambiar en tus actitudes o tomar decisiones para que te sientas más satisfecho en el matrimonio. De la misma manera, puedes analizar cualquier período de tu vida y darte cuenta de las *repeticiones de tus elecciones y actitudes.* Y cuando termines el análisis, sacarás las *conclusiones acerca de probables equivocaciones*.

En la zona de turbulencia, el miedo nos domina a través de los deseos. Y el mayor deseo de los robots y las marionetas es *ser libres* para tener o hacer lo que quieren. Este deseo es insaciable, cada vez quieren más y más.

El miedo nos dicta cómo debemos ser y qué debemos hacer para obtener lo que deseamos, y no perderlo cuando lo obtengamos; con otras palabras, el miedo nos condiciona. Y si no cumplimos con estas condiciones, entonces perdemos o no alcanzamos lo deseado y en este instante comenzamos a sentirnos culpables o culpamos a los demás de lo sucedido o no sucedido. Perder o no obtener siempre significa enfadarse consigo mismo o con los demás. A su vez, esto nos conduce a la insatisfacción, y de la insatisfacción siempre vamos a llegar a la tristeza. La tristeza y la alegría van a estar juntas, como la luz y la sombra. Esto significa, que si tengo lo que quiero estoy alegre, si no lo tengo – estoy triste. Únicamente, nunca decimos "estoy alegre", sino "estoy feliz porque…" Y aquí nos confundimos, porque la felicidad es un estado permanente y es incondicional. Y cuando decimos: "la felicidad nunca es completa", nos referimos simplemente a la alegría, y no a la felicidad como tal.

La gran mayoría de las personas se niega a aceptar la existencia de este miedo. Sin embargo, se comprueba fácilmente que está presente en cada ser humano en mayor o menor medida. Si preguntáramos a una persona: ¿Se considera UD una persona buena o mala?, ¿Le gustaría ser mala? ¿Por qué no? La respuesta a esta última pregunta sería: porque a los malos no los quieren. Y entonces, la formula "quiero ser buena persona = quiero ser amado", o "quiero ser buena persona = miedo a no ser amado".

Ahora me interesa describir en metáforas al ser humano. Vamos a considerar que es un planeta, como la Tierra, por ejemplo. ¿Ya llegaste a crear una imagen animada de un planeta? Obsérvalo. Gira sobre su propio eje, se mueve alrededor del sol por su órbita. Tiene dos polos: el sur y el norte. En el norte, en las aguas oscuras escondidas bajo las capas de hielo, está todo lo que nos representa como *humanos*, o sea, se mueve incesantemente nuestro *pensar*. En el polo sur, en las tierras cubiertas por el hielo, se guardan nuestras *respuestas al pensar*. No se puede ver ningún pensamiento. Pero estamos claros de que los pensamientos se juntan en una idea. Esto ocurre gracias al uso de palabras. Más "vestida" es la idea con palabras exactas, más energía atrae para su materialización. ¿Ves cual importante es la palabra para crear tu mundo? Pero también es importantísimo saber pro-mover tus ideas - expresarlas en voz, alta o en un papel, o sea tienes que aprender a comunicar al mundo, al Universo, tus ideas. Depende del arte de comunicar la cantidad de energía que se le asignará para su materialización. El polo sur es el *báculo* de energías para materializar las ideas. La idea se desliza desde el polo norte por uno de los "meridianos" hasta el polo sur. Y desde el polo sur se elevan las energías por los "paralelos", o esferas. Polo norte es nuestra cabeza. Polo sur son nuestras piernas. Nuestras piernas es el "órgano de contacto" con la Tierra. La cabeza es la antena para estar en contacto con las estrellas. Igual que la Tierra, tenemos dos hemisferios: la parte frontal del cuerpo es el mundo de nuestro sentir o expresar nuestro sentir respecto a la realidad. La parte dorsal del cuerpo es el mundo de la Voluntad, o cómo lidiamos con la Realidad, qué hacemos con ella. En conclusión, *la parte frontal es "qué siento", la parte dorsal es "libertad para actuar"*. La Voluntad se nutre solo de *energía de amor*, considerada como *energía universal para crear*. Su principal característica es la *fluidez*, es imparable, la impulsa la *inspiración*. Si *la necesidad de crear* - el arte - se ve "*asediada*" por el "*deber*", el *arte* se sustituirá por el *trabajo*, y la *voluntad* será *forzada*, adquirirá nuevo aspecto – *esfuerzo*. Cuando experimentamos cualquier tipo de miedo, nuestra voluntad se encuentra paralizada total o parcialmente y esto se manifiesta en *la incapacidad total o parcial de actuar*. Pensar también es una acción, solo que ocurre a nivel invisible. Fuerza del miedo puede degradar nuestro razonamiento, si nos apegamos *férreamente* a lo que *ya sabemos*, y a *en qué creemos.* Así funcionan *miedo a cambio, miedo a ser sustituido por alguien, miedo a perder ciertos beneficios* y algunos otros, relacionados con la pérdida de posición social, profesional, etc.

¿Qué tal? ¿Te gustó observarte como un planeta? ¿Podrías intentar "escuchar" la voz de tu voluntad? Creo que será muy difícil, porque "normalmente" en nosotros prevalece *la voz de esfuerzo*. Estamos tan acostumbrados a creer en este patrón, que no admitimos, ni imaginamos que esto podría ser un grave error.

Si *miedo en esencia es una idea-suposición*, estará presente solo en los meridianos.

¿Cómo te sientes cuando *no puedes hacer algo*? Seguramente de inmediato te enfadas, no importa si el enfado está dirigido hacia una persona o un evento, o hacia ti. Personas educadas *tragan su enfado para no parecer incapaces*, además experimentan lacerante *sentimiento de culpa* y *bochornosa vergüenza* por su incapacidad. Estos dos sentimientos tienen su lado bueno – impulsan a la persona a estudiar, a indagar, a aprender. Así que hay que dar gracias al sentimiento de culpa y a la vergüenza por proteger nuestra dignidad de fisuras. Claro está, experimentamos unos cuantos sentimientos más de insatisfacción con uno mismo y con otras personas. Y estos sentimientos ya no son originarios del amor, sino del ego – *parte inmadura del alma.* Las *Energías de ego* son lentas y densas en comparación con la energía de amor. Suelen estancarse, creando bloqueos al libre fluir de la energía de amor.

Si no sintiésemos miedo a no ser amado, permaneceríamos en un estado de permanente felicidad. Pero, al mantener este miedo encarcelado, la verdadera esencia del amor, que es la incondicionalidad y la independencia, se corrompe y no queda nada del ser humano originario. ¿Qué queda? Pasito a pasito llegaremos a esta respuesta también.

El **miedo a no ser amado** convierte al amor incondicional en amor condicional, y la primera condición es: debes poseer ciertas cualidades físicas, emocionales y espirituales para merecer **tener el amor.** ¡Cuán sofisticado e ingenioso es este miedo, que hasta nos hace creer que se puede tener el amor!

¿De qué manera este miedo domina nuestras vidas?
- En primer lugar, atrae hacia nosotros todo tipo de sufrimientos para afirmar que no nos quieren o que no nos van a querer si...

- También nos obliga a humillarnos, pidiendo el amor no importa a quién, ni cómo.
- Crea constantemente la ilusoria necesidad de hacer el bien a toda hora a costa del sacrificio.
- No permite entregar ni recibir el amor, ya que construye una pared invisible de incomprensión y esto a su vez conlleva a la pérdida total o parcial de la comunicación.
- Le impide a la persona ser honesta, en primer lugar consigo misma, y la obliga a usar permanentemente una máscara de hipocresía o mentiras.

Todo esto en conjunto convierte a la persona en alguien cruel. En resumen, *el miedo a no ser amado nos priva de autenticidad, dignidad, libertad y capacidad de razonar, además esquematiza nuestro razonamiento y comportamiento, o sea, nos hace dependientes del entorno.*

El deseo de ser amado comprende la dependencia de aprobaciones, valoraciones, aceptaciones y juicios por parte de los demás, y también, en caso de no ser aprobado, valorado, aceptado, etc., surge la necesidad de imponer y dominar.

Te describo tan detalladamente al miedo porque sin liberarlo y liberarte de él, te será absolutamente imposible obtener tus alas para poder salir de la Matriz de Sacrificio y nutrirte de Luz. El regreso a la zona de seguridad requiere de claridad de tus pensamientos, de tu fe en ti mismo, de tu conexión con el Creador y su fuente de Creación.

Habitualmente las personas tienden a ocultar o negar sus miedos, para no caer dentro de la categoría de temeroso o cobarde, pues ser cobarde es lo mismo que ser deficiente o no ser bueno, y por lo tanto, no merecer ser amado. La persona hace un esfuerzo por demostrar valentía, que no posee, y cae en la mentira. Para ser precisa, diría que no hay necesidad de tildar a las personas con los calificativos, porque nadie es ni bueno, ni malo, Las actitudes de las personas sí, pueden calificarse como *temerosas y valientes.*

Cuando los miedos no se liberan, tienden a crecer y a compactarse. Tenemos situaciones tensas, nos sentimos estresados y experimentamos adormecimiento de la mente pensamos, pero no pensamos. El cuerpo parece ser de piedra o de acero. No producen ningún dolor, ni tampoco enfermedad. Pero *paralizan la voluntad de vivir*, y la *voluntad paralizada o reducida señala la presencia de la energía de la ira o de la energía de destrucción*. Si el miedo es visible, la ira estará oculta, y viceversa: ira visible, miedo oculto. Del mismo modo en que ocultamos nuestros miedos, también ocultamos la ira. Ambos crecen en la misma proporción. La ira y el miedo son como dos siameses inseparables. Y como resultado de su acción conjunta, éstos se materializan en enfermedades del cuerpo o de la mente, o de ambos.

Entonces, ¿Cómo son los miedos mensajeros, qué hacen con nosotros? Es muy importante que conozcas de memoria lo siguiente: **miedos frenan o bloquean totalmente la voluntad, el deseo de vivir y provocan INCAPACIDAD - no entiendo (incomprensión) → no puedo (imposibilidad).** ¿Cómo te sientes cuando estás obligado a volver a hacer algo que no sabes hacer bien o dudas que puedes aprender lo que no sabes hacer todavía? Efectivamente, no quieres "tocar el tema". La incapacidad repetitiva se convierte en **no deseo**. Y mira lo que tenemos: **la incapacidad es señal de <u>miedo</u>, y el no deseo es señal de la <u>ira</u>.** Prueba durante un día escucharte – darte cuenta de lo que dices, cómo lo dices y qué sientes cuando lo dices. Te aseguro abrirás todo un mundo. Te darás cuenta de que no te conoces o todavía no te conoces bien. ¡Y esto es verdad! Si no sabes escucharte, no puedes conocerte. Y haz tus notas en alguna libreta, o en tu celular. "Normalmente" nos fijamos en otras personas y no prestamos atención al *cómo soy*.

¿Escuchaste a alguien decir "*soy un condenao*", o "*este es un condenao*"? Yo sí. Y no sé por qué veo a un reo vestido de naranja en el corredor de muerte. El pobre trae grilletes en sus extremidades, conectados con una cadena gruesa. Esta imagen del condenado me avisa que salí de mi centro. Fíjate, los grilletes en las extremidades <u>simbólicamente</u> expresan *quiero – no quiero*. Este conjunto es el primer eslabón en la cadena de la destrucción de la energía de la **voluntad** o del amor. Observa al reo: ¿le es fácil caminar encadenado? Así estamos, cuando sentimos miedos.

El miedo puede ser pequeño, grande y enorme.

Cuando el **miedo es pequeño** habitualmente se deja ver y oír. Se manifiesta en **la negación, la interrogación, los estados de dispersión, el condicionamiento y la agitación.** Cuando sentimos miedo a algo, nos negamos a hacer aquello a lo que tenemos miedo o evadimos aquello a lo que tenemos miedo. Por ejemplo, nos negamos a decir la verdad por miedo a caerle mal a alguien o a perjudicar el estatus profesional que tenemos. No procedemos con la realización de nuestras ideas por miedo a ser criticados, etc. En el lenguaje de la persona en actitudes temerosas con mucha frecuencia está presente la palabra "no": no quiero, no puedo, no debo, no entiendo, no sé hacerlo, etc. Sin embargo, la persona en actitud valiente difícilmente dice "no". Su respuesta mayormente es positiva. *La positividad* se garantiza por la claridad del pensamiento, donde todo está analizado y no existe grado de error, ni riesgo, ni fracaso, ni peligro. Claro, personas cien por ciento valientes, probablemente no existen, pero cada uno de nosotros por lo menos debe aspirar a alcanzar su mayor grado de libertad de los miedos.

¿Perteneces a los fans de "mente positiva"? ¿Practicaste o practicas afirmaciones positivas? ¿Qué significa para ti "ser positivo"? Observé que la gente suele *negar* o *suprimir* lo negativo, se le hace la "vista gorda". En realidad, *mentalidad positiva* no niega lo negativo, trabaja con lo negativo y le agradece su existencia. *Ser positivo significa tener disposición y capacidad de comprender lo negativo y así transformarlo en Luz.* No alejes lo negativo de ti si se te acercó. No lo maldigas. Míralo de frente y con gratitud – vino a proteger tu esencia de las animaladas.

El miedo también paraliza total o parcialmente el funcionamiento de los órganos de los sentidos y afecta nuestra intuición. De este modo perdemos la confianza en nosotros mismos, lo que a su vez genera interminables *dudas*. Otra vez nuestra voluntad se ve afectada y el movimiento por la vida se hace más dificultoso. **Antes de**

dar algún paso, en nuestras cabezas nacen miles de preguntas, a las cuales no siempre somos capaces de responder por miedo a equivocarnos. Preferimos acudir a alguien quien, a nuestro juicio, es más sabio que nosotros mismos. Es una de las maneras de evadir la responsabilidad y de tener la posibilidad de culpar a alguien por el consejo "mal dado" en caso del fracaso. El miedo a la responsabilidad, al fracaso, etc., nos atrapa una y otra vez y no nos damos cuenta en qué momento nos hacemos dependientes de los más sabios a nuestro juicio. La dependencia se convierte en un vicio, cuando ya no queremos utilizar la cabeza propia y preferimos depositar toda la confianza en otra persona. A este alguien con el tiempo lo solemos llegar a creer un ídolo y a fanatizarnos con él. Ya sin su aprobación, autorización o consejo no sabemos dar un solo paso. La cabeza propia se usa cada vez menos y se debilita el razonamiento. Nos comenzamos a degradar como seres humanos. La luz que tuvimos, en vez de multiplicarla, la malgastamos. Y la sabiduría que nos proporcionaría paz espiritual, pasa desapercibida a la mirada de nuestros ojos. Sin embargo, con mucho placer miramos por los ojos ajenos, los cuales son incapaces de ver nuestra realidad. Nuestras valoraciones, vistas por los ojos ajenos, carecen de objetividad y son parciales. La valoración subjetiva y parcial distorsiona la realidad y la convierte en ilusión. Por tanto, nuestros miedos no nos permiten vivir en la realidad, nos mantienen atrapados en el mundo ficticio. No muchas personas pueden "presumir" de ser imparciales.

Cuando nos apoyamos única y exclusivamente en la experiencia ajena, excluyendo la experiencia propia, cuando veneramos a los ídolos, a los cuales entregamos la solución de nuestros problemas, nos negamos la posibilidad de sentirnos satisfechos por los resultados alcanzados en la vida, ya que estos resultados nunca serán óptimos. Como consecuencia, comenzamos a sentirnos culpables por ser incapaces, pero mayormente preferimos culpar a alguien por nuestros fracasos e insatisfacciones. **Culpar significa enjuiciar, valorar y comparar.** De este modo, expresamos nuestra ira hacia el ídolo. "Le tenía tanta fe...." - esta frase expresa desilusión, frustración y decepción no solamente respecto al ídolo, sino a sí mismo también.

Las personas con actitud valiente, asumen su responsabilidad, creen en sí mismas, están seguras de lo que hacen y por lo tanto, son exitosas en la vida.

El **estado de dispersión** se caracteriza por la inexplicable necesidad de estar en algún tipo de acción, pero sin tener idea de lo que uno desea hacer en realidad. No sabe lo que quiere, se queda sin hacer nada; no hacer nada provoca una sensación de tortura, uno se siente cansado y sin embargo, cuando se acuesta a dormir, le es difícil conciliar el sueño. También hay sensación de que todo aparentemente está bien, pero hay algo que no encaja, el alma no está tranquila, la cabeza está vacía.

El estado de dispersión es resultado de *extrema exigencia*. Muchas veces exigimos de nosotros mismos más de lo que podemos hacer o dar, y también en muchísimas ocasiones se nos exige a nosotros por encima de nuestras posibilidades. Cuando exigimos o se nos exige, se prevé obtener un resultado que debe ser valorado. *Cualquier valoración en sí es enjuiciamiento, comparación y crítica y condiciona la presencia del sentimiento de culpa, el miedo a ser culpable.* Nadie quiere ser inferior o peor que nadie, por eso trata por lo menos de ser igual, o mejor. *El deseo de ser igual o mejor, no peor que los demás es comparación.* La comparación impulsa una carrera para huir del sentimiento de culpa. Huir del sentimiento de culpa significa hacer esfuerzos para cumplir con alguien o con algo. El esfuerzo es fuerza adicional, necesaria para realizar x-acción, o es lo mismo que forzarse a sí mismo. *El forzarse uno mismo es violencia sobre sí.* La obligación de cumplir con algo o con alguien acelera el ritmo de la vida. Mientras estamos en múltiples acciones a la vez para poder cumplir, nos sentimos tranquilos. Pero ésta tranquilidad es transitoria e ilusoria, porque cuando llegamos al final de la carrera por algo, no se experimenta satisfacción por los resultados alcanzados, porque faltó algo. Y la falta de algo nos mantiene en un estado de constante insatisfacción por una u otra cosa. Por eso no creemos que la felicidad pueda ser completa, siempre le va a faltar algo. Para que la persona logre experimentar la felicidad plena, debería aprender a apreciar cada detalle de la vida en vez de desear tener de todo al mismo tiempo. De hecho, todas nuestras carreras están condicionadas por el deseo de tener algo y siempre más que antes. El deseo se convierte en ambición. La mayoría de nosotros corremos tras el amor y tratamos de conseguirlo a nuestra manera: a través del dinero, los bienes materiales, las buenas acciones, los sacrificios, la buena conducta, la obediencia, etc.

Ninguno de nosotros tiene la capacidad de correr tras el amor sin parar infinitamente. Unos se agotan más rápido que otros. Esto depende de la singular capacidad de resistencia tanto física, como espiritual. Y cuando uno llega a sus límites de resistencia, aparece la enfermedad que pone fin a la carrera, para que la persona descanse y reflexione. La carrera tras el amor en sí es la huida del **miedo a no ser amado,** es huir de sí mismo. Sobre la marcha es muy difícil aprender sólidamente las lecciones de la vida, ya que perdemos de vista los detalles importantes y la lección queda sin aprender. Para que la lección llegue a ser sabiduría, las situaciones difíciles se repetirán tantas veces como sea necesario para que la persona comprenda el significado de los sucesos, su "por qué" y "para qué".

La *extrema exigencia hacia sí mismo* genera obligatoriamente una extrema exigencia hacia los demás. Y los primeros en sufrir sus consecuencias son los niños. Éstos todavía no han aprendido a caminar y ya se ven obligados a correr. Los padres quieren verse a si mismos a través de sus hijos, pero más realizados, para poder sentirse orgullosos de si mismos, mostrar lo buenos que son y la educación que le están dando a sus crías. Los niños innatamente saben lo que deben y no deben. Y las exigencias de los padres ejercen un efecto totalmente contrario a lo esperado. Cada exigencia produce la protesta del niño, que será exteriorizada o callada. Y la protesta callada es el camino hacia la enfermedad.

El **condicionamiento** es el fruto del **miedo a no ser amado.** No acabamos de aprender cómo vivir sin imponer condiciones. A través de las condiciones tratamos de intimidar a las personas con privarlas de nuestro amor si no cumplen con nuestras exigencias, condiciones y deseos. También juzgamos a las personas si nos quieren o no.

La *intranquilidad* se expresa en la agitación física. La persona no es capaz de permanecer quieta: mueve las manos, camina de un lado hacia otro, se come las uñas, se rasca, gesticula enérgicamente, mueve la pierna, fuma, se da algunos tragos, etc. La intranquilidad también se genera por miedo a no ser amado. Este miedo actúa sobre nosotros como un látigo. Cada latigazo se traduce como "quiero ser el mejor, porque si fuera el mejor me van a amar, apreciar, valorar, venerar, etc." La intranquilidad es propia de las personas que se desarrollan en un mundo competitivo: los deportes, el arte, aunque no es ajena a las personas que viven compitiendo con los demás para mostrar su superioridad. Por eso la competencia en el sentido de compararse con los demás, es absolutamente negativa. El sentido positivo de la competencia yace en la comparación de uno mismo entre lo que fue ayer y lo que es hoy, en el proceso de superación del ser humano. Sin daño alguno para nadie se puede competir solo consigo mismo. Cualquier otra competencia significa demostrar que eres el mejor y mereces más. La intranquilidad es mucho ruido y pocas nueces. Las personas que obran por amor al arte, por vocación no necesitan ni confirmación de su talento ni aprobación de los resultados, ya que dan lo mejor de sí para el bien propio y el de los demás.

El *miedo grande* se manifiesta a través del _coraje, la abnegación y la fidelidad._ La persona todavía acepta la presencia de los miedos, pero de ninguna manera manifiesta tenerlos, los oculta y hasta se ofende cuando alguien menciona su miedo a algo. Para no demostrar miedo, la persona suele templar su voluntad y su cuerpo. _Templar significa modificar, cambiar a la fuerza, es decir a través del_ *esfuerzo*. Por ejemplo, la persona que tiene miedo a ser gorda, entrena su voluntad y su cuerpo con dietas rigurosas y ejercicios agotadores. La persona que tiene miedo de no estar a la altura, entrena su cerebro con interminables estudios y largas horas de trabajo, etc. El miedo grande es **miedo controlado.** El miedo controlado tiene sus matices característicos y estos son: ***tensión, perseverancia y terquedad, inflexibilidad.***

La tensión es algo absolutamente común en la vida cotidiana y es producto del extremo esfuerzo y la exigencia. Estamos acostumbrados a esforzarnos, a redoblar el esfuerzo para alcanzar ciertas metas. Resulta que existen ***metas verdaderas y metas falsas***. La meta verdadera es aquella cuyos resultados benefician a uno mismo y a los demás. Y la meta falsa es aquella que beneficia exclusivamente a uno, o a los demás, siempre habrá alguien sacrificado. Cuando la meta es verdadera su cumplimiento se alcanza con el menor esfuerzo. Sin embargo, las metas falsas requieren de gran esfuerzo, ya que en el camino hacia el resultado aparecen numerosos obstáculos que indican la falsedad de la meta. Pero la persona no le hace caso a estas señales y se siente un héroe venciendo los obstáculos. *Las metas falsas son metas de las personas con actitudes temerosas* y pueden ser demasiado exageradas en sus propósitos.

La persona con actitud valiente alcanza sus metas sin tensión, usa la fuerza necesaria para lograr el resultado óptimo. No se desgasta mientras camina hacia la meta. Su cuerpo y su alma se fortalecen a través de la satisfacción que la persona experimenta durante el proceso de ejecución de las actividades y del disfrute de sus resultados.

La tensión emocional se materializa en tensión física en los músculos. Los músculos se ponen tiesos, duelen, se forman cápsulas producto de la tensión en los tejidos musculares. El modo de caminar de la persona se vuelve algo torpe, los pies tropiezan a cada rato y el cuerpo se siente pesado. Los tropezones frecuentemente terminan en caídas. *La caída simbólicamente significa humillación, e indica que la persona siente miedo a ser humillada o su orgullo sobrepasó los límites, la persona se volvió arrogante y se siente con derecho de humillar al más débil.* El cuerpo pesado es la señal de que la persona tiene deseo de agarrarse a la tierra para caminar con mayor seguridad, lo que a su vez significa desconfianza en sí mismo.

La mayoría de nosotros suele luchar contra la negatividad. Vemos el miedo como algo absolutamente negativo y por lo tanto, nuestra actitud es en contra del miedo; pero lo correcto sería a favor de la valentía. Luchando contra el miedo no solamente no logramos liberarnos de éste, sino que lo aumentamos, lo hacemos crecer vertiginosamente. Negar el miedo no significa ser valiente. **Ser valiente es reconocer y liberar los miedos que se tiene.**

La tensión significa miedo sostenido. La tensión sostenida en los tejidos se convierte en dolor. Y cuando está presente el dolor, está presente la ira. La ira es responsable por el dolor. Y si aprendemos a liberarnos de los miedos, la ira se liberará simultáneamente con el miedo. El carcelero de la ira es el *miedo a no ser amado.*

La tensión es contaminante. Si en el colectivo hay una sola persona tensa, su tensión se transmite a los demás. Para liberar o disminuir la tensión, la persona necesita hablar de su problema con alguien capaz de comprenderla. Habitualmente nos encontramos con dos formas diferentes de comportamiento: por una parte, la persona que se encierra en sí misma; o por el contrario, constantemente habla de sus problemas, abusando de la nobleza de los demás. En ambos casos la tensión en vez de disminuir, aumenta y culmina en una explosión emocional de todos los miembros del colectivo. Para que esto no suceda, el problemático debe aprender a liberar sus tensiones, y los compasivos deben liberar su miedo para dejar de ser paños de lágrimas o su miedo de ser catalogado de ser mala gente. El comportamiento habitual de la mayoría de nosotros es mostrar al mal tiempo buena cara, preferimos aguantar hasta que se llena la copa. Verdaderamente practicamos a diario la tensión sostenida y contenida. Mientras haya un ojo que te ve mantenemos el rostro alegre, la espalda erguida, el lenguaje fluido, etc. Lo hacemos por el *miedo a que los enemigos se pongan contentos de nuestro malestar*. Nuevamente practicamos la mentira con nosotros mismos y con los demás.

En realidad nadie quiere sentirse tenso, ya que este estado agota e irrita. Tampoco las personas conocen cómo liberar las tensiones correctamente y por lo tanto, *acuden a la violencia*: dominan o reprimen sus tensiones a través de diferentes prácticas de ejercicios, el uso del cigarro, de las bebidas alcohólicas, del sexo, de la rutina, etc.

Aparentemente se sienten mejor, pero esta mejoría es temporal. La tensión va en aumento y la persona que se decide a luchar contra ella, se convierte en alguien perseverante. Los fuertes y perseverantes se consideran audaces, vencen cualquier obstáculo. Mientras más obstáculos hay que vencer, más orgullo sienten, más héroes son en las circunstancias dadas. Solo que no entienden que *los obstáculos son señalizaciones de que el paso por este camino está peligroso, no es correcto.* La insistencia en seguir el camino equivocado muy sutilmente convierte a los perseverantes en tercos. Los fuertes y tercos siempre están en tensión. En primer lugar, la tensión de la persona terca se manifiesta a través de molestias o dolor en el área de la cervical. La tensión contenida y sostenida provoca tensión muscular en esta zona, los músculos se acortan y el cuello se acorta también. Mientras más corto es el cuello de la persona, más terca es. La tensión es un estado relativamente temporal, pero la **terquedad** ya es característica de personalidad y es constante.

La tensión muscular mueve las vértebras cervicales, reduciendo el espacio entre ellas. La reducción del espacio entre las vértebras provoca presión en las terminaciones nerviosas. Se bloquea el flujo de la energía. La persona siente pesadez en la cabeza y en el área del cuello. Disminuye la capacidad mental, se debilita la memoria, se debilita la capacidad sensorial, aparecen dolores. Poco a poco el dolor llega a ser constante. También se reduce la movilidad del cuello. La persona con movilidad reducida en el cuello, pierde la elasticidad en todo el cuerpo. Sus movimientos se hacen torpes. El cuerpo necesita más calor. El calor ayuda a liberar la ira. Junto con la ira se libera el miedo. Los tercos y las personas mayores prefieren el calor al frío.

La perseverancia, la terquedad y la inflexibilidad son **miedo concentrado**.

Muchas veces utilizamos el proverbio: quien persevera, triunfa. No es tan así. La persona triunfa en el sentido de alcanzar la meta, pero no logra satisfacción por los resultados. El perseverante llega a la meta con grandes pérdidas: en su salud física y espiritual, en sus relaciones interpersonales. Mientras consideramos la perseverancia como un valor positivo, ésta se convierte con el tiempo inadvertidamente en **inflexibilidad o tenacidad.** La vida en sí es constante movimiento, constante transformación. La persona tenaz es la que quiere mantener las cosas tal como están, o quiere cambiarlas en contra de las leyes naturales, lo que se traduce en **miedo de perder o miedo a los cambios.** La persona tenaz o inflexible trata de batir agua y sacar mantequilla. Este tipo de actividad hace mucho daño no solamente al inflexible, sino a todos los que le rodean. Realmente la persona no avanza en la vida, en su desarrollo. Su razonamiento "se calcifica" y este proceso se puede llamar "vacío del razonamiento". En estos casos decimos: **está chocho.**

Aparte de los daños mentales, también se daña el cuerpo: se reduce su movilidad. La movilidad del cuerpo depende del buen estado de las articulaciones y de los tejidos conjuntivos. La persona en esta fase de miedo, ya no experimenta dolor como tal, ya está tan acostumbrada al dolor que no lo siente. Lo que experimenta es entumecimiento y pesadez y su cuerpo está rígido.

La pérdida de flexibilidad conduce hacia diferentes tipos de fisuras, fracturas, tanto en sentido físico como espiritual. Tras ellos están los errores y la incapacidad de perdonar. El miedo en fase de inflexibilidad o tenacidad usa en su lenguaje palabras "derecho", "deber". La persona se siente con derecho de dominar, de imponer, de tener la razón, de controlar, de castigar, de juzgar, etc. La persona simplemente se aleja de la realidad. Defiende su razón hasta echar espuma por la boca, y es capaz de acudir a la violencia de cualquier tipo para imponer su razón. Aquel que defiende de este modo su derecho o razón, tiene ***miedo a la humillación, miedo a perder el respeto,*** por eso se defiende como un león. Los que luchan por la razón o los derechos, inevitablemente llegan a enfermarse. Y cuando la enfermedad les impide seguir haciendo daño, comienzan a luchar contra la enfermedad. Los luchadores por los derechos a vivir privan a los demás de este derecho. Su propio cuerpo es el juez de sus errores.

Los valientes también defienden sus derechos o su razón, pero lo hacen de manera diferente, sin espuma en la boca, sin golpes sobre la mesa, sin levantar la voz. Prefieren dar la razón al equivocado, ya que comprenden que el equivocado no tiene la capacidad de ver la vida imparcialmente.

El ***tercer grado del miedo*** se caracteriza por una total negación de la presencia del miedo; la persona no admite tener miedo porque ya no lo reconoce, sencillamente porque el miedo ya está sepultado y no se ve. Surge el estado del "engaño óptico". La persona se vuelve ***ingenua o inocente***, lo que significa que no comprende, no interioriza la realidad del mundo. Y todo lo que hay en el mundo existe en cada persona. ***La ingenuidad o la inocencia*** es el máximo grado del miedo, tras el cual se esconde la máxima ira. Los grandes sufrimientos son fruto de la ingenuidad y de la inocencia. Este miedo se manifiesta en el ***asombro o en el estado de sentirse sorprendido***. El asombro o la sorpresa tienen carácter sumamente negativo, es un golpe fuerte, destructivo, muy doloroso e inesperado. Habitualmente después de recibir el golpe, la persona pronuncia: "Esto no puede pasarme a mí. ¡Que mundo tan cruel! "¡Mira con qué me pagaron el bien que hice!" La magnitud del golpe puede ser pequeña y en este caso la persona ingenua recibe la señal para abrir los ojos. Pero si no reacciona a las señales, a su vida llegarán pruebas muy difíciles. Antes de que el mal nos toque la puerta, previamente nos manda avisos de su posible llegada. Y si actuamos correctamente, el mal aunque toque la puerta, no la derrumba. Pero si estamos con los brazos cruzados o pensamos que es mejor olvidarse de lo malo para que el corazón esté tranquilo, entonces llegaremos un callejón sin salida. Podemos engañar nuestro razonamiento, pero es absolutamente imposible engañar al alma y al cuerpo. La ingenuidad es precisamente eso: pensar que podemos engañarnos a nosotros mismos y a los demás. El hombre suele no prestar la atención a las contrariedades y no pensar en ellas; suele <u>vencerlas</u> sin entender su significado. <u>Vencer las dificultades</u> a pulmón, con heroísmo significa ser malcriado como un niño que no deja de llorar hasta que no consigue lo que desea. El niño pueril es un niño normal, pero el adulto pueril o infantil no es un adulto normal. Insistir tenazmente en algo, pagar cualquier precio por conseguir algo, inevitablemente conduce a la destrucción tanto del cuerpo, como del espíritu o de la psique.

Después de esta presentación del miedo mensajero tan detallada, supongo entiendes la importancia de dedicar tiempo a la búsqueda de ti mismo en actitudes temerosas. Yo, por ejemplo, soy fan del show "¡Oh, esta soy yo!". Fregando o limpiando la casa suele suceder el contacto con algún evento que quedó sin resolver a la totalidad y quedó carga emocional desagradable. Es decir, percibes presencia de tristeza y quieres saber por qué está contigo, si en realidad no tienes motivos para ella. Sin interrumpir mi actividad doméstica, comienzo a "ver" la cinta de película grabada en mi memoria consciente e inconsciente. ¡Aparecen muchos detalles que te llevan a la _comprensión_ de tu tristeza! De repente, descubres cómo llegaste al dolor. Y después tomas decisiones: seguiré el mismo camino o cambio el guion, o sea, continuaré en mi actitud temerosa o hago contrato con mi actitud valiente – decido por los cambios. Desde luego, no debes exagerar y _romper_ brusco o violentamente con algo o alguien que simplemente, sin saberlo, te estuvo enseñando a ser valiente. Esta actividad hay que tomarla como ritual de tomar café en la mañana – _disfrutarla_. De ninguna manera debe ser una obligación. Para mí personalmente, contactar con mi tristeza es como leer el libro más interesante que haya existido – el libro de mi vida. Algunas personas consideran que estoy malgastando el tiempo en hurgar y me ven demasiado seria. Quizás, en algunos momentos soy así. Cuando me ven de esta manera, es porque tengo cita conmigo.

COORDENADAS DEL MIEDO

Quiero confesar que me fascina estudiar. Aprendí que lo estudiado no debe guardarse, sino aplicarse para que se transforme en la sabiduría propia. Además, la sabiduría necesita ser compartida. Nací con el don de palabra. Después de acercarme a la menor distancia posible para mí hacia la Realidad Objetiva, comprendí que soy un ser muy valioso porque a través de mí la Sabiduría llega hacia personas que están listas para nutrirse de ella. Los que no están listos sienten náuseas. Pero este no es mi problema. Yo me reconozco como dueña del "restaurante gourmet" en el cual se sirven platillos caros en el ambiente de gran belleza. Yo soy como una estación de radio que transmite la señal. Si nos encontramos en estas páginas, es porque entramos en sincronía: yo necesito ser escuchada, tú necesitas recibir lo que estás buscando. Engullí muchísimos libros y agradezco a todos los autores mi sabiduría. De todos mis maestros en este camino, elegí como Guías Principales a dos mujeres Galácticas: Evdokía Luchezarnova y Luule Vilma. Seguramente nada te dicen estos nombres. Si algún día eres premiado con conocerlas "en persona", tu vida dará mayor giro hacia la abundancia. A través de mí se transmiten estos conocimientos. Me honra ser una de las columnas para el levante de nuevo templo del Saber en la Tierra. Mi pequeña tarea en este grandioso quehacer es convertirte en la estrella y todos unirnos en una _constelación._

Después de esta "pausa" necesaria, todavía me quedan muchas cosas importantes para compartir contigo. Para no dejarte abrumado con mucha información "inusual", procuraré no entrar en detalles apresuradamente. Si estás de acuerdo, volvemos a encontrarnos con el Miedo.

Aparte de que los miedos puedan ser pequeños, grandes y enormes, los podemos "cartografiar" en la superficie de nuestro cuerpo. De hecho, podemos "cartografiar" cualquier estado emocional también. Para ello tomaremos como referencia a la columna vertebral. La columna no es simplemente un sistema que sostiene nuestro cuerpo en posición erguida. Es la parte principal de nuestro sistema energético, que nos provee energía vital. Cada vértebra responde a determinados impulsos de nuestros pensamientos y nuestra respuesta emocional a ellos, que podemos clasificar en cinco grupos:

- Miedos relacionados con lo más sagrado en la vida – con el *amor hacia uno y a los que cada persona ama* (1).
- Miedos relacionados con el *sentimiento de culpa* en la vida afectiva (2).
- Miedos relacionados con *el sentimiento de culpa* en la vida social o colectiva (3).
- Miedos relacionados con el *sentimiento de culpa* por ser ineficiente en el desempeño como proveedor de lo existencial (4).
- Miedos relacionados *con el desempeño* en la vida material - economía, finanzas (5).

Estos miedos están presentes absolutamente en toda persona.

El grupo (1) "cubre" la zona de la cabeza, el cuello, el área de los hombros, los brazos y la espalda hasta la tercera vértebra cervical. Puedes llamar esta zona **miedo a no ser amado,** y se relaciona únicamente con el sentimiento del amor. Tus deseos de gustar a alguien, que tus hijos sean dignos de admiración, que tus padres acepten a tu pareja, que te adoren tus amistades, etc., señalan presencia de este miedo. Te preocupa tener amor de la gente.

El grupo (2) ocupa el territorio desde la vértebra IY cervical hasta la Y dorsal. Para que te sea fácil ubicar este espacio, "márcalo" desde el nivel de las axilas hasta el borde inferior de las escápulas. El miedo inhabilita el desempeño de estas vértebras en la recepción, transformación y distribución de energía proveniente desde el cosmos. En la parte frontal del cuerpo influye sobre la parte central del corazón, el pecho y los pulmones. El miedo "**me están culpando porque yo no amo**" más la ira que lo acompaña, provocan infarto del miocardio, angina de pecho y afecta a las válvulas cardiacas. Hoy en día estos padecimientos son más frecuentes en los hombres jóvenes que sufrieron en su niñez de acusaciones de los padres y en la edad adulta tienen miedo de oír las mismas acusaciones de sus mujeres. La acusación no necesita ser pronunciada, el mismo efecto se puede provocar con cara de tristeza, lágrimas, suspiros, cejas fruncidas, y el efecto sería aún más desastroso si la acusación no tiene base. La persona que experimenta un sentimiento de culpa es extremadamente sensible, ve la acusación incluso donde la misma ni se ha pronunciado. Las mismas enfermedades alcanzan a los esposos (as) celosos. Los que se culpan padecen de las mismas enfermedades, por ejemplo, quienes después del divorcio o después de la muerte de su pareja, comienzan a agredirse con el sentimiento de culpa y se enferman de angina de pecho, que conduce al infarto.

El *miedo a no ser amado* levanta una pared entre la persona que siente este miedo y su entorno. Esta pared no le permite ni dar, ni recibir amor. Cuando la mujer llora, cela y se angustia y **culpa al hombre porque este no la quiere,** provoca con estos sentimientos enfermedades en las mamas. Unos simples nódulos, las displasias pueden convertirse en **cáncer.** Cualquier tipo de cáncer es resultado de la ira malintencionada, cuando uno se dedica a maltratarse o maltratar a otros. El masoquismo emocional y manipulación de emociones ajenas tienen malignidad en sus intenciones. No podemos juzgar a estas personas, porque fueron privados por mucho tiempo de atención afectiva, no les dieron amor, les enseñaron a luchar para tener amor; en fin, estas personas no saben actuar de otro modo. Perdón es el puente entre la víctima y el victimario. La ira es producto de la acumulación de errores de apreciación, de interpretación de la realidad.

Otro miedo típico es cuando **uno culpa al otro, de que el otro no ama, o ama poco** y afecta en su mayoría a los niños, ya que los niños frecuentemente presencian los conflictos de los adultos. Un escándalo cruel entre los padres puede provocar neumonía en el niño. Los continuos conflictos entre los padres independientemente de las causas, son la base para la tuberculosis. Del mismo estrés los adultos padecen las mismas enfermedades, solo que el inicio de la enfermedad transcurre silenciosamente, de manera oculta, ya que los adultos son seres poco expresivos respecto a sus sentimientos y pensamientos. La tuberculosis es la enfermedad de los que se quejan sin parar.

Si yo me atreviera a interpretar qué significa el nuevo covid-19, diría que el mundo entero padece de juzgar a otros por no ser dignos para darles afecto, o no recibir de los otros lo suficiente para sentirse amados de verdad. Nadie quiere a nadie, se acabó el querer.

El grupo (3) *- miedo a ser culpable de algo o culpar* afecta las vértebras desde la YI hasta las XII dorsales, en la parte frontal del cuerpo afecta la coronita del corazón, la parte inferior del pecho y la superior del abdomen. Para que logres fijar en tu memoria la zona (3), abra los brazos hacia los lados y enfoca la atención en la espalda en la línea debajo de los omoplatos y hasta la cintura, y en la parte frontal es desde la línea debajo de los pechos hasta el punto del plexo solar.

El miedo a ser culpable o culpar en conjunto con la ira, provoca enfermedades del músculo cardiaco, la pleura pulmonar, el diafragma, el hígado y el bazo. Es que en esta esfera se encuentra el plexo solar con el cúmulo de la energía de poder y dominio (el poder siempre es negatividad) el tercer área del miedo es la más propicia para la aparición de la ira y es la más vulnerable para el cáncer. Instintivamente cada persona conoce que el poder exagerado, es censurado aún por la sociedad; por eso las metas grandes se esconden y se enmascaran hasta la última posibilidad. Por lo tanto, el cáncer se va a desarrollar según lo deseado – a escondidas y profundamente.

El grupo (4) *- miedo a ser culpable por no saber defenderse en problemas económicos* afecta las vértebras lumbares III y IY que controlan los órganos sexuales y la Y que controla la vejiga. Por ley de la Naturaleza, la economía es la esfera del hombre. La mujer es la dueña del hogar y del amor. Quien viola esta ley, paga con su salud.

El hombre que tiene miedo de **ser culpable por no poder mantener la familia, no ser capaz de ser bueno en su trabajo, no tener la capacidad de responder a sus responsabilidades en la esfera de la economía, ser inútil como hombre**, etc., trae consigo como consecuencia la _**impotencia y otras enfermedades del aparato reproductor.**_ La autoagresión (sentirse culpable) tiene los mismos resultados.

Si la mujer no sabe llevar la esfera económica como la naturaleza manda, surgen las enfermedades ginecológicas. Es decir, cuando la mujer se mete en los asuntos del hombre mostrando poder, humillando, comportándose angustiosamente, etc. y muestra su desconfianza hacia el hombre, lo humilla. En las familias donde manda la mujer en la esfera económica, la vida fluye al revés. La mujer femenina no padece de enfermedades ginecológicas.

Las mujeres que dedican la gran parte de sus esfuerzos y de su vida al trabajo frecuentemente son infértiles. Cuando la mujer asume grandes responsabilidades sociales, económicas, etc., afecta enormemente la parte de la pelvis y la parte inferior del cuerpo. El niño es amor. Al niño lo atrae solamente el amor. Los pensamientos materiales de la madre asustan al niño.

El grupo (5) **- miedo por tener problemas económicos** influye negativamente sobre la parte inferior del cuerpo, desde el cóccix hasta las puntas de los dedos. El cóccix es la energía sexual y la pasión.

Esta persona tiene la pasión bloqueada por el miedo ante los problemas económicos; o sea, se acuesta a dormir preocupado por el bolsillo o la billetera y no tiene la capacidad natural de entregarse al sexo sin preocupaciones. Y si accede al sexo, no satisfará ni el deseo propio ni el de su pareja.

Todas las enfermedades de la parte inferior del cuerpo, ya sea la deformación de las articulaciones de la cadera, las fracturas óseas, las várices, las deformaciones de cualquier tipo de los pies surgen a causa de los problemas económicos. Mientras más abajo se encuentra la enfermedad, más antiguo es el problema.

Para la mayoría de los seres humanos es prácticamente imposible resolver el problema de la comprensión del modo en que los problemas económicos se igualan a los problemas del amor. Es necesario subrayar que en el Universo existe una sola energía y es **AMOR**. Todas las manifestaciones de la vida surgen de la energía del amor, incluyendo la economía. Los objetos materiales poseen simplemente la estructura densa de la energía.

Si la persona no es capaz de liberarse del miedo ante los problemas económicos, hará estos problemas cada vez más graves. Los problemas económicos son solo consecuencia. Y si el ser humano no encuentra las causas de sus desgracias económicas, jamás se liberará de sus consecuencias.

Cuando la persona perdona a su *miedo a no ser amado*, se abre al amor de todos y de todo. Solo así el amor divino puede entrar en el alma sin obstáculos. Este amor será suficiente para vivir, calmarse y comenzar a pensar. Habrá posibilidad entonces de vivir entre la gente.

Entonces, ¿qué hacer con el miedo si es inútil controlarlo y combatirlo? Simplemente hay que aprender a liberarlo. ¿Cómo? En primer lugar, con la práctica diaria, desarrollen en sí la habilidad del observador. El observador no participa en ningún evento de la vida emocionalmente, no emite juicios, no da valoraciones, simplemente observa y toma conciencia de todo lo que percibe con sus órganos de los sentidos. A través de esta práctica llega entender los porqués y para qué de las cosas. Habitualmente, en vez de ser "observador", adaptamos la postura del "actor". El actor, a diferencia del observador, es un ser sumamente emocional, pasional, mientras el observador siempre permanece sereno. El observador se permite percatarse, identificar lo que ocurre dentro de su alma y apaciguarla con la comprensión. El actor dramatiza y mientras dramatiza, se aleja de la comprensión y finalmente explota como un globo de cumpleaños. ¿Y qué queda después de la explosión? Retazos. Así están los actores de la vida, hechos pedazos.

En segundo lugar, el conocimiento de cómo es el miedo, permite identificarlo y establecer la comunicación con él. Por muy increíble que parezca, podemos comunicarnos con absolutamente todo lo que nos rodea: animado e inanimado, material y no material. No trates al miedo con violencia, no lo rechaces. Nada en la vida es por gusto, ni es por casualidad. El miedo simplemente cumple muy eficientemente su "trabajo" – enseña a ser libre e independiente. Cuando reconozcas el nombre del miedo, ya puedes comenzar a "hablar" con él mentalmente. ¿No entiendes cómo? Te explico. Como ejemplo, hablaré con el miedo a no ser buena persona. *"Querido miedo a no ser buena persona, hola. Me da muchísimo gusto finalmente conocerte. Ni siquiera me imaginaba que tú siempre te manifestabas en mi empeño a nunca decir "no" a las personas, aun cuando no tenía nada que darles ni hacer algo por ellos. Yo dejaba de vivir, por tal de hacer la vida de ellos más agradable. Mientras más hacia por ellos, más me decepcionaba de la vida, porque nunca ha sido suficiente, siempre había personas que se quedaban insatisfechas con mis acciones. Yo quería ser buena persona para todos, para que nadie dijera lo contrario. Ahora entiendo, que a través de ti, miedo a no ser buena persona, se manifestaba el miedo a no ser amada. Antes yo no lo comprendía. Por eso te encerré dentro de mí y no te quedó otro remedio que crecer y crecer hasta que yo me diera cuenta de tu existencia. Te pido perdón por este encierro. ¡Me imagino cómo te has sentido! Yo misma sufro mucho cuando mi libertad se limita. Te doy gracias por protegerme de mayores desgracias. Ahora entiendo que no se puede complacer a todo el mundo, que no soy ni buena ni mala, simplemente soy. Soy alumna de la vida y cualquier alumno se equivoca, mientras está aprendiendo. La vida nunca nos califica, nos califica la gente y yo ya no dependo de estas calificaciones. Por eso, mi querido miedo, te abro las puertas de la prisión y te libero. Cumpliste con tu tarea y ya puedes irte. Permíteme abrazarte y darte un beso antes de despedirme de ti. Una vez más gracias".*

Este tipo de charla con cualquier miedo hace milagros: transforma la energía destructiva en energía de amor o energía vital. De inmediato el cuerpo responde con el bienestar físico, y el alma con el bienestar emocional.

Y para resumir:

- Si liberas tu amor de la prisión de miedo, conocerás lo que es el amor verdadero y serás amado y comprendido, amarás y comprenderás, serás respetado por todo el mundo. Tendrás todo lo necesario para sentirte y ser útil de verdad para el Universo.

Al liberar el miedo a no ser amado, darás a tu espíritu libertad y la sabiduría te acompañará cada día de tu vida.

- El perdón permite liberar al espíritu y estar en comunión con la sabiduría divina, permite solucionar cualquier problema.

- La liberación de los miedos mejora la calidad de nuestra vida, permite alcanzar abundancia material. La abundancia es el estado cuando todas nuestras necesidades están suplidas. Y nuestra mayor necesidad es CREAR.

-Sin liberar los miedos, los problemas harán de nuestra vida un suplicio.

- Libres de miedo vemos la realidad de la vida y la comprendemos. Vemos lo malo y lo bueno en su correlación y sentimos paz espiritual. Sin miedos, también estamos libres de sentimiento de culpa. Comprendemos que todo existe en su forma buena y mala, que es absolutamente normal. En el resultado se alcanza paz espiritual, alegría de vivir y claro está, la salud.

EL MIEDO Y LAS LEYES UNIVERSALES

¿Qué sientes cuando escuchas la palabra "ley"? Yo siento respeto, también podría experimentarse imposición, limitación y ya en este caso percibo deseo de desobedecer, entrar en rebeldía. Las leyes o complejo de reglas para ordenar la sociedad, son absolutamente necesarias para que no exista el caos – *hago lo que me da la gana*. Las leyes hechas por los humanos no siempre complacen a todo el mundo. Muchas veces se hacen para complacer a un grupo limitado de la ciudadanía. Sin leyes no existe la vida. El Universo también se subordina a un orden preestablecido. ¿Quién lo había creado? ¿Cómo podemos probar que esto es verdad? Aquí te sugiero no polemizar, sino tener fe. ¿Conoces tales conceptos como Dios, Creador, Absoluto, Consciencia Universal? Sin lugar a duda, que sí. Todos estos conceptos significan la misma cosa – *Creador*. Nosotros somos *creadores* también, igualito como el Creador, solo a la escala infinitamente pequeña. ¿Cómo creamos nosotros? Todo surge primeramente en la mente. Nos valemos de lo que ya sabemos para "inventar" lo que todavía no existe en lo físico, pero ya existe en nuestra cabeza. La idea funciona como un magneto – atrae lo necesario para ser *realizada*. A lo realizado ponemos el nombre "resultado" o "*creación*". *Creación es el resultado de lo ideado*, su forma material – todo lo que podemos oír, ver, oler, degustar, tocar y pensar. Entre el Creador y la Creación está solamente realización o *proceso de la creación*. Permaneciendo dentro del proceso de la creación jamás y nunca se malgastan fuerzas vitales, es al revés – crecen, se renuevan. Una persona creativa envejece mucho más lento que una persona trabajadora. ¿Sabes cuál es la diferencia entre crear y trabajar? Trabajo es actividad *por obligación, compromiso, miedo a pasar hambre y a no tener.* No hay *amor* en el trabajo. Haciendo algo, uno puede estar en el estado de inspiración o estar manipulado por los miedos. Amando lo que uno está haciendo, jamás caería en ningún sacrificio e insatisfacción. Creando, uno perfecciona su joya; trabajando, uno pule su habilidad.

Hemos escuchado, leído, creemos, estamos convencidos de que existe infinidad de Universos. ¿Cómo se crean?, o ¿Quién los crea? ¿Se puede viajar hacia ellos? ¿A qué distancia se encuentran de nuestro planeta? ¿Cómo son? ¿En qué se diferencian? ¿Podemos conocerlos? Las respuestas nos esperan en el tiempo. Mientras, nos permitiremos creer y aceptar que existe algo que debe tener relación con la infinidad de los universos. Y a ese algo le llamaremos **ALEGRA** – *la Fuente de lo que todavía no existe pero ya existe*, en la cual yace el Saber Universal. Es la casa de Todo que todavía no se haya manifestado. Todo se forma en la Fuente y regresa a ella después que se cumplan los objetivos - enriquecer y renovar la Fuente con la experiencia – confirmación o rectificación del Saber. Somos gotas de esta Fuente. Cuando Alegra inspira, se forma algo nuevo en su lecho. Y cuando expira, se forma el movimiento, las olas, el "parto" múltiple de la Creación – Infinidad de Universos unidos por el *principio de complementariedad* – Macro Universo. Todos necesitan a todos, influye el uno al otro, toman el mando cuando les corresponda. En el mismo principio funcionan los micros universos – los componentes de los Macro. Cada Ser Humano es un universo con el nombre *Mundo*. Como la Luna, Mundo tiene dos caras – visible e invisible – nuestro mundo externo y nuestro mundo interno. Así comenzamos. La curiosidad y la inquietud con el impulso de la inspiración deben unificar al mundo interno con el mundo externo en el Amor, a través del amor y con el amor. Tiempo de *sacrificios*, de *suplicios*, de *maldad* está llegando a su fin. ¿Qué vendrá después? Era de felicidad. ¿Quiénes vivirán en esta era? Los que dejaron en libertad los miedos encarcelados por siglos y así se liberaron de ellos, por mutuo acuerdo. Seres convertidos en puro Amor. Ya conocerás en su momento cómo son estos seres.

En nuestra cotidianidad rara vez pensamos en las Leyes Universales y hasta muchos desconocen de su existencia. Vivimos en sociedades y por tanto, sabemos más de las leyes sociales. Y, probablemente, este sea nuestro error capital – observamos las leyes sociales y violamos o no conocemos las Leyes Universales. Si solo incorporáramos en nuestra conciencia las **Leyes Universales**, inevitablemente nos convertiríamos en creadores y viviríamos en la abundancia. Mientras, vamos a necesitar de las leyes sociales que, en primer lugar, nos obligan a ser "cumplidores" disciplinados.

Los miedos "cambiaron" el significado de muchas cosas. Por ejemplo: el *miedo a no tener, carecer de algo* avisa de su presencia a través del *deseo tener suficiente de todo y más*. Solemos llamar "tener de todo" como "abundancia". Quiero ofrecerte otro significado de "abundancia". *La abundancia es la **satisfacción** por tener nuestras necesidades suplidas con el mínimo esfuerzo*. Tener todas las necesidades suplidas nos permite vivir en un estado de *satisfacción permanente*. ¿Esto no existe? Solo porque queremos mucho más de lo que realmente necesitamos y esto se llama *avaricia*. El estado de satisfacción permanente es la *felicidad.* En el estado de satisfacción permanente materializamos fácilmente cualquier propósito nuestro. Propósito y meta ¿tienen el mismo significado? Se parecen, pero no son iguales. Siendo el "propósito" más flexible que la "meta" se acerca mucho más hacia la *verdad*, a la *idea verdadera*. Meta impone, se impone, tiene elementos de la *idea fija* – quiero porque me da la gana o porque lo voy a lograr cueste lo que cueste. ¿Cuánto sacrificio hay que poner para que se logre? En lograr las metas mostramos nuestra terquedad, perseverancia y tenacidad para alcanzar el *mérito* de ser *héroe* o *mártir*. Para mi juicio, las metas nos matan, son *suicidios con alto grado de masoquismo*. No se trata de *no hacer.* Se trata de *cambiar la intención*: no sacrificarse para morir en vida, sino crear para quedar con vida después de la muerte. Cuando no estoy mandada por el miedo a no ser amado, me nutre Amor a través de la inspiración. Me siento libre de imposiciones, de control, de reconocimientos otorgados por los criticones y críticos.

Podemos llamar **Leyes de la Vida** a las leyes del Universo Mundo. El conocimiento y la práctica de ellas nos permiten ser espontáneos y auténticos. *La espontaneidad y la autenticidad en suma nos dan AMOR.* ¿Qué mostramos a diario? Imagen que promete beneficios. Usamos muchas artimañas para impactar el entorno. Ni espontaneidad, ni autenticidad. En vez de ser auténticos, nos multiplicamos en copias y clones – réplicas de otros.

¿Cuáles son nuestros deseos más grandes en la vida? Tener salud, tener paz, tener dinero – sentirnos bien en general. Nada nos cae del cielo si no funcionamos como *creadores* – seres que siempre encuentran alternativas para salir de apuros. Yo estoy absolutamente convencida de que los *creadores* tienen contacto directo con el cielo. Los trabajadores, por mucho que se esfuerzan trabajando, no alcanzan brillar, por eso el cieno no los nota.

En el Universo Mundo cada uno de nosotros -como Alegra-, se manifiesta a través de **YO** – complejo o "agregado" compuesto del cuerpo, el sentir y el pensar: cuerpo, alma, espíritu. **Yo es** *el pensamiento, la percepción y el objeto;* es decir *la energía y la información.* Somos seres *energo-informacionales,* **conciencia en movimiento.** *Y el Mundo es conciencia en acción.* **Nuestra esencia es Alegra.** Cuando aceptamos nuestra esencia, sabemos quiénes somos, de dónde venimos y para qué tenemos la capacidad de crear-materializar lo no manifiesto. No existe separación alguna entre Alegra y YO. Y solo cuando ignoramos esta ley, entonces aparece la distancia entre Alegra y YO, y en esta distancia colocamos a un Ser que habitualmente llamamos Dios, que vive en los cielos. Puede sonar muy extraño, pero Dios no es el Ser, es el estado original de la conciencia de cada uno de nosotros, y se llama Creador. Ser Creador significa *vivir de acuerdo con nuestro YO, en una constante auto-referencia (hacia adentro – mundo interior), o también significa vivir en el Amor.*

Cuando ignoramos o desconocemos esta ley, vivimos en la *referencia hacia los objetos de nuestra experiencia (hacia el mundo exterior). El YO se sustituye por el EGO y caemos en la dependencia de la respuesta del mundo externo y estamos influidos por él.* Y entonces aparece el

Miedo. Y la misión principal del Miedo es hacernos regresar hacia la esencia, hacia el Yo auténtico. Al convertirnos en ego, insistentemente buscamos la aprobación de los demás, esperamos respuestas externas. Sentimos la necesidad de controlarlo todo, de tener el poder externo. El poder externo se alcanza cuando poseemos algo. Nuestra vida se basa en el ***temor y la pena.*** El temor y la pena nos sentencian a la lucha, al sacrificio y al sufrimiento. Nos convertimos en víctimas. El poder externo es una simple ilusión, ya que existe mientras existe el objeto de referencia. El poder está ligado a la belleza física, la inteligencia y el dinero, los que nos proporcionan una posición social. El poder dura mientras duran estas cosas; al perderlas, desaparece el poder. El Ego es autoimagen, la máscara social, el papel que estamos desempeñando.

Cuando hablamos del "poder", el ego lo traduce como posesión de algo, pero el Yo lo traduce como la capacidad de crear, de conocerse a sí mismo. Una palabra – "poder" – pero tiene significados muy distantes. El poder del YO tiene dos características: atracción y magnetización. La persona que se conoce a sí misma atrae como un magneto todo lo que necesita, tanto a las personas adecuadas al momento, como los objetos, emana amor y magnetiza su entorno en apoyo a sus necesidades, es decir, siempre está de suerte, es amada, esperada, respetada, y fácilmente establece la comunicación con todo lo que le rodea. *La comunicación es la base del amor incondicional.*

De la primera Ley surgen las demás Leyes Universales, de las cuales es preciso tener aunque sea un mínimo de conocimiento.

Ley de la instrucción

Nuestra visita a la Tierra como Ritmos o potencialidades manifiestas con conciencia humana en el cuerpo humano, fue motivada por la necesidad de **aprender.** La vida en el planeta es una verdadera escuela llamada Amor. Cada uno de nosotros eligió su propio orden de programa de estudios y pasa por diferentes niveles de enseñanza: desde el "círculo infantil" hasta el "nivel superior". En el nivel del "círculo infantil" vivimos la inocencia, la pureza del espíritu, la imparcialidad, y esta etapa dura mientras nos permiten ser auténticos. Sin embargo, cuando comienza la etapa de la "educación formal", comenzamos otro nivel de aprendizaje, que se llama "*los golpes enseñan*". La duración de esta etapa no está determinada en años, sino por niveles vencidos del programa de estudio. Precisamente en el nivel de "Los golpes enseñan" sentimos la mayor influencia de la Matriz del Sacrificio. Aquí nos gobiernan totalmente el Karma y el Destino y somos sus marionetas. No todos vencen el contenido del programa de este nivel, por eso repiten una y otra vez las mismas lecciones hasta que lleguen a una total comprensión de cada "tema". Solo entonces "ingresan" al nivel superior, que se llama Creación, donde el Karma y el Destino de los educadores se convierten en colaboradores y el individuo alcanza el nivel de conciencia Hombre-Dios o Ser Luz. Después de este nivel el hombre puede alcanzar los niveles de la conciencia supra-humana.

Ley del Karma

Mientras estamos influidos por la Matriz de Sacrificio, no tenemos pleno juicio de la realidad objetiva, ya que una parte o la totalidad de nuestra conciencia está bloqueada o paralizada por el miedo. De hecho, nuestro universo Mundo es pura ficción, producto de nuestro pensamiento errado.

Karma significa acción y consecuencia de esa acción, o causa y efecto. A mayor bloqueo de la conciencia, mayor es el error del pensamiento en el momento del análisis y la toma de decisiones. Y solo liberando los miedos, se puede desbloquear la conciencia.

En las redes de la Matriz del Sacrificio es muy difícil tomar decisiones acertadas. Dentro de ella nos guiamos por los impulsos emocionales, actuamos según las condiciones circunstanciales. Y peor aún, nuestra respuesta condicionada por esos dos aspectos es repetitiva y predecible a los estímulos de nuestro medio ambiente. Somos cíclicos, esquemáticos.

El Karma contempla no solamente acción, sino también aspiraciones, deseos, pasiones y pensamientos. Pensar también es una acción, pero invisible. Y lo que sembramos -visible o invisiblemente- tendrá su cosecha. Y aunque se dice que todos tenemos libre albedrío, éste no es tan libre. Mientras más miedos tenemos encarcelados en nuestras cabezas, más condicionados estamos por él y más pesado será nuestro Karma, más grande será nuestra deuda. Por eso es tan importante ser observador para poder identificar al miedo y liberarlo lo antes posible.

Habitualmente las deudas kármicas se pagan con sufrimiento. Pero la liberación de los miedos permite convertir al sufrimiento en una experiencia de vida a través de la comprensión de las causas de cada evento doloroso. Y el primer paso hacia la comprensión es la aceptación del evento tal y como es. La aceptación permite serenar la mente y conectarse con la esencia. Y la mejor manera de pagar las deudas es con entregas de amor.

La Ley del Karma es una ley educativa y no de castigo. Cualquier experiencia negativa, dolorosa en nuestras vidas, es una llamada a reflexionar.

En el Universo todo está relacionado entre sí. Todo lo que representa el hombre ahora y lo que será de él en el futuro, es resultado de su actividad en el pasado, y el Karma es el espejo de la justicia y es mucho más largo que una vida.

Ley de la inmortalidad o de reencarnación

La inmortalidad no es creencia, ni fe, es la ley del Universo. El Universo no conoce la muerte. La vida tiene carácter cíclico, por lo tanto, el nacimiento y la muerte son dos etapas del ciclo. La muerte es punto final de la etapa vencida. Cualquier cuerpo que muere, experimenta infinito placer.

El cuerpo es simplemente el "uniforme" que usa el espíritu para 'ir a la escuela". Con cada "grado" el espíritu crece y por lógica tiene que cambiar el uniforme, porque el viejo ya le queda chiquito. La muerte física es sólo "fin de curso" después del cual llegan las "vacaciones". Durante las vacaciones, el espíritu permanece sin cuerpo, preparándose para nuevas hazañas. Muchas religiones no aceptan la idea de la reencarnación del hombre. Sus razones tendrán, ya que ven el hombre desde una plataforma diferente. El hombre es parte del Universo, una diminuta copia exacta. Somos energía e información, materializadas en el cuerpo. La energía no aparece ni desaparece, solo existe, constantemente se transforma y se mueve. Tampoco aparecemos ni desaparecemos nosotros, simplemente existimos, y el nacimiento y la muerte resultan simple manifestación de esta existencia, de transformación de la energía.

¿Cuántas veces vivimos? ¿Quién podría dar esta respuesta? Aquí nunca vamos a encontrar la verdad absoluta. Creo que volveremos tanta veces como necesitemos para culminar "nuestros estudios". No creo que la cantidad de nacimientos es infinita, debe existir cierto límite, después del cual el hombre pasará a otro nivel de existencia.

Ley de la polaridad

El Universo es dual y el Mundo está hecho sobre el principio de la polaridad. Todo, sin importar la forma de expresión, es la unión de dos polos contrarios, es decir, cualquier cosa consiste de lo positivo y lo negativo, de lo bueno y lo malo, del claro y el oscuro, y cumple con su función específica. Y a todas las formas visibles les corresponde la invisible contrariedad. No por gusto dicen:

"la moneda tiene dos caras", "el palo tiene dos extremos", "el cuchillo es de doble filo", etc.

Influidos por la Matriz de Sacrificio violamos esta ley con asombrosa repetición. A todo le ponemos un calificativo, una etiqueta; siempre manifestamos nuestra relación con lo circundante según nuestro nivel de percepción y la capacidad de comprender este circundante. Nos resulta prácticamente imposible abstenernos de la expresión de la opinión, de dar consejos "útiles" desde nuestro punto de vista, y *este punto de vista siempre es el más correcto*. También violamos esta ley cuando luchamos por el bien del mundo y tratamos de acabar con el mal. Y muy a menudo nos brindamos para ayudar al "necesitado", a hacer su mundo mejor. El deseo de ser buena gente crea esta ilusión "óptica".

Y si nos proponemos hacer el bien grande, al mismo tiempo se cree en el mal grande. Aniquilando el mal, aniquilamos el bien también. En vez de luchar, lo adecuado sería transformar. La lucha destruye, la transformación cambia cualitativamente y es la base de la evolución.

Ley de atracción de los iguales

Ante todo se trata de la atracción de los pensamientos que "encajan". El Universo visible es creado por el Universo invisible. Y si nuestros pensamientos son negativos, atraeremos a las personas y los eventos que nos afirmarán y acrecentarán la negatividad. Ya nos dimos cuenta de que el dicho "la desgracia no anda sola" tiene mucha razón. Cuando nos sucede algo desagradable, casi siempre está acompañado por uno o varios sucesos negativos. Y nuestra positividad siempre está al lado de la otra positividad. Una persona alegre no se reúne con personas tristes, y un drogadicto entre mil personas encontrará con mucha facilidad a su semejante. Así se manifiesta la Ley de atracción de los iguales. Un mal acompañado por el otro, cumple la función del maestro y el alumno. Uno aprende del otro, y como resultado pueden comprender el error y el mal se convertirá en el bien. Y si no logran comprender la lección, el mal se convierte en lo peor.

Cada cual con su pensamiento atrae en lo que cree. Quien constantemente piensa en la infidelidad de su pareja, será engañado. Quien tiene miedo a casarse, se casará y fracasará en su matrimonio. Nuestra mente es tan poderosa, que se materializa. Con un simple cambio de mentalidad, podemos cambiar sustancialmente la calidad de nuestras vidas.

Ley del perdón

Existe solamente el eterno ahora. El tiempo es un concepto relativo. Lo que hago ahora se quedará para siempre e influirá sobre mi futuro. Lo que hice ayer influirá sobre hoy y mañana. Es decir, nada desaparece, puede transformarse si existe la disposición de rectificar los errores cometidos.

El Universo no comprende qué significa "no sé hacerlo". Sus leyes y su sabiduría siempre han sido y serán comprensibles. Estas leyes están guardadas en el espíritu de cada hombre, solo que se necesita encontrarlas dentro del corazón.

Ser perfecto significa no lamentarse del pasado y no tener miedo al futuro, y en el presente hacer las cosas apropiadamente. La llave que libera de los lamentos y el miedo es el perdón total. El perdón no significa que se justifique el pasado. Perdón significa liberación. Se libera solamente aquél que comprendió que cometió el error, y a través de la comprensión, se hace más sabio.

El hombre no posee el don del amor perfecto y por eso comete errores; de aquí que necesite el perdón.

Ley de dar y recibir

Ya conocemos que todo en el Universo se encuentra en constante movimiento e intercambio de energías. Nuestra alma y conciencia constantemente intercambian con la energética del cosmos, y la conciencia del Universo. La vida es acción armoniosa de todos los elementos y las fuerzas que componen el campo de la existencia. Y esta armoniosa interacción de los elementos y las fuerzas de la vida, opera a través de la Ley del Dar y Recibir. Recibir es lo mismo que dar, ya que dar y recibir son aspectos diferentes del flujo de la energía. Todo lo que tenemos debe ser dado y no acaparado. Cuando más damos, más recibimos, porque así las energías no se estancan, fluyen libremente y nos enriquecen constantemente.

Esta ley también se viola permanentemente. Solemos guardar, acumular, acaparar, poseer, pensando que con esto podemos protegernos de las posibles carencias; es como merecer ser amados por tener bastante. Si tenemos algo de valor real lo multiplicaremos solamente dando. Por ejemplo, los conocimientos que posee el individuo tienen gran valor para el desarrollo espiritual. Si no los transmite, no podrá recibir nuevos conocimientos y su desarrollo se estanca. Y si lo que damos, no se multiplica a través del dar, pues no vale la pena darse, ni vale la pena recibirse. Si dando, sentimos la sensación que hemos perdido algo, en realidad no dimos nada y entonces no tendremos abundancia, o no recibiremos nada. Cuando damos con dolor en el corazón, no hay energía detrás de nuestro acto de dar. Al dar y al recibir, lo más importante es la acción. Tanto quien da como quien recibe, debe sentir felicidad, porque ella sostiene y sustenta la vida. Cuando damos desde el corazón, sin condiciones, la retribución es directamente proporcional a lo que se da. El dar verdadero produce satisfacción. De esta manera, la energía que hay en el acto de dar se multiplica muchas veces. Lo que damos, lo recibimos; mientras más damos, más recibimos.

Debo mencionar la función del dinero. El dinero es un símbolo de la energía vital que intercambiamos, y de la energía vital que utilizamos como consecuencia del servicio que prestamos al Universo. Por tanto, si acaparamos el dinero, si nos volvemos tacaños, si nos aferramos al él, impedimos el flujo libre de las energías vitales. Para que esta energía fluya hacia nosotros, debemos mantenerla en circulación. El dinero debe mantenerse en movimiento, o de lo contrario comienza a estancarse, a obstruir, a sofocar y estrangular su propia fuerza vital. La circulación lo mantiene vivo y vital. Analicen cómo gastan el dinero: si es con alegría, con deseo, o con temor, etc. De esto depende que el dinero vuelva a su bolsillo. Analicen también para qué ahorran dinero: para las situaciones duras, para tener un carro para lucir, para una casa mejor que la del vecino, para sentirte más seguro. Su dinero crecerá solo en caso de que sus propósitos estén de acuerdo con el alma y el espíritu y no con su ego.

Ley del menor esfuerzo

Esta ley se basa en el hecho de que la inteligencia de la naturaleza funciona con toda facilidad y despreocupación. Es el principio de la menor acción, de la no-resistencia. Por tanto, es el principio de la armonía y el amor. Cuando hacemos algo disfrutándolo, que es lo mismo que con amor, nuestro esfuerzo es mínimo. Cuando nuestra meta es conseguir el poder para conquistar a los demás, gastamos energía. Cuando nos dedicamos a hacer dinero o a obtener el poder para satisfacer el ego, gastamos la energía en persecución de la ilusión de la felicidad en lugar de disfrutar la felicidad del momento. Cuando queremos tener bastante dinero sólo para el beneficio propio, cortamos el flujo de la energía hacia nosotros y no permitimos la expresión de la inteligencia de la naturaleza. El cuerpo, como aparato para controlar la energía, puede generar, almacenar y gastar las energías. Si nuestra atención está centrada en el ego, entonces gastamos la energía. Si nuestro deseo es gobernar y controlar a los demás y para nosotros es muy importante la aprobación de los demás, sencillamente desperdiciamos la energía. Sin embargo, cuando somos inmunes a la crítica y perdemos el temor a los desafíos, aprovechamos el poder del amor y utilizamos creativamente la energía para vivir en la abundancia y la evolución.

El Universo no necesita hacer de nosotros víctimas ni sacrificados. Esta ambición es de la sociedad. Para aquel el sacrificado no es un héroe, sino un obstáculo para el desarrollo. Para que esta ley funcione, se debe cumplir con sus tres condiciones:

1. *La aceptación de la realidad tal como está es en el momento*. Cuando luchamos contra este momento, luchamos contra el Universo también. Recordemos siempre que nada es por casualidad ni por gusto. Podemos desear que la realidad sea diferente, pero nuestra necesidad es vivir el momento actual. Y si podemos aceptar las cosas tal como son, estaremos listos para asumir la responsabilidad de nuestra situación y de todos los sucesos que percibimos como un problema.

2. *Asumir la responsabilidad*. La responsabilidad significa no culpar a nadie ni a nada, ni siquiera a sí mismo de nuestra situación. En todos los problemas hay un principio de oportunidad, y esta conciencia nos permite aprovechar el momento y transformarlo en una situación o cosa mejor.

Las dificultades casi siempre surgen de las cosas que perdieron su sentido de existir, que cumplieron con su misión de enseñar para evolucionar y su lugar debe ser ocupado por cosas nuevas. Lo que era muy bueno hoy, mañana puede convertirse en algo muy malo. El Universo se da cuenta de esto de inmediato, pero nosotros tardamos en ver la nueva realidad.

3. *No hacer resistencia*. Se dice que hay tantos puntos de vista como personas existen, y cada una defiende el suyo, pensando que es el más correcto. ¡Qué perdida de energía! Cuando estamos a la defensiva, cuando culpamos a los demás y no aceptamos ni nos rendimos ante el momento, nuestra vida se llena de resistencia. Y cuando queremos forzar las cosas, la resistencia aumenta. ¿Qué ganaremos si nos comportamos como un roble rígido expuesto a la tempestad? Sólo grietas, dolores, o tal vez se dañarán nuestras raíces. Sin embargo, una planta flexible sólo se dobla en la tormenta y sobrevive a la tempestad.

Ley de la intención y el deseo

Esta ley se basa en el hecho de que la energía y la información existen en todas partes del Universo. Cualquier objeto animado o inanimado es una estructura energo-informacional. Todas las estructuras se encuentran en constante intercomunicación. Pero el ser humano es un ser privilegiado en el Universo. Tiene un sistema nervioso capaz de tomar conciencia del campo de las potencialidades o Alegra, que da origen a nuestro cuerpo. Experimentamos este campo en forma de pensamientos, sentimientos, emociones, deseos, recuerdos, instintos, creencias, impulsos y esto nos permite influir conscientemente sobre la estructura energo-informacional del Universo, y cambiar conscientemente la energía y la información de nuestro propio cuerpo energético. Este cambio consciente se logra a través de la atención y la intención. La atención genera energía, y la intención la transforma; asimismo la intención estimula la transformación de la información. La intención organiza su propia realización y su poder organizativo es infinito. Siempre y cuando la intención cumpla con las leyes Universales, podemos hablar del éxito. Si nuestros propósitos aportan beneficio al Universo, este nos proporcionará todas las condiciones favorables para su realización.

Ley del desapego

Esta ley dice que para adquirir cualquier cosa en el universo físico, debemos renunciar a nuestro apego a ella. Esto significa renunciar al interés por el resultado, ya que confiamos plenamente en nuestro Yo. En cambio, el apego se basa en el temor, en la inseguridad y estas características pertenecen a nuestro ego. Nuestro YO conoce nuestras verdaderas necesidades, sabe cómo satisfacerlas y es la fuente de la abundancia, de la riqueza, y de cualquier cosa en el mundo físico. Todo lo que necesitamos está dentro de nosotros, es eterno y el Universo nos ayuda a exteriorizarlo. Todo lo que desea el EGO es transitorio. El apego es producto de la mentalidad de la miseria, y el desapego es sinónimo de la conciencia de la riqueza, porque con el desapego viene la libertad para crear. Si vivimos apegados a las cosas o a los resultados de nuestros deseos, nos convertimos en prisioneros del desamparo, la desesperanza, las necesidades mundanas, los intereses triviales y la desesperación, que son características de una existencia mediocre.

La creatividad se despierta solo cuando existe la incertidumbre. Es la incertidumbre la que brinda la libertad de crear cualquier cosa que deseamos. Lo desconocido no nos permite sentirnos muertos, siempre tendremos una nueva aventura para vivir, nuevas alegrías para compartir, nuevos misterios para descubrir, en fin VIVIR.

Mucha gente durante toda la vida corre en busca de la seguridad y cree que el dinero ahorrado puede proporcionar lo que están buscando. Pero de hecho, los que más dinero tienen son los más inseguros.

Mientras vivimos, en todos los sentidos de esta palabra, siempre tenemos la intención de alcanzar nuevos horizontes y si está presente la incertidumbre, podemos cambiar la dirección en cualquier momento, si la nueva idea vale la pena. No nos dolerá salirnos en el medio del camino que ya nos dejó de interesar y emocionar. A la vez, siendo libres para escoger, es poco probable que vayamos a forzar las soluciones de los problemas; ello nos permitirá mantenernos abiertos a las oportunidades. La ley del desapego acelera el proceso de la evolución. Cuando entendemos esta ley, no nos sentimos obligados a forzar las soluciones de los problemas, porque estamos conscientes de que forzar las soluciones, solo creará nuevos problemas.

Ley de Dharma

La palabra "dharma" significa "propósito de vida". De acuerdo con esta ley, cada uno de nosotros tiene un talento único y una manera única de expresarlo, o sea tiene su propia trayectoria, en la cual no habrá nadie más.

Estamos aquí, en este planeta para descubrir nuestro verdadero yo, para finalmente responder para qué y con qué propósito nos hemos manifestado en la conciencia humana y el cuerpo humano, cuales son nuestros talentos únicos, por los cuales nos pueden distinguir y cómo servir a la humanidad con nuestros talentos. Cuando combinamos la capacidad de expresar nuestro talento único con el servicio a la humanidad, usamos plenamente la ley del drama. Y cuando unimos esto al conocimiento de nuestra propia espiritualidad, nos volvemos prósperos en todos los sentidos de la palabra. Y no se trata de la prosperidad temporal; ésta es permanente en virtud de nuestro talento único, de nuestra manera de expresarlo y de nuestro servicio y dedicación a los demás seres humanos.

En la vida no hace falta ser santo. Hay que estar en el camino apropiado. Las Leyes del Universo nos indican el camino apropiado.

Describiendo las Leyes Universales me apoyé en las "7 leyes de éxito" de Deepak Chopra - uno de los Grandes Maestros Guías de actualidad. Su obra podría ser para ti una revelación. No me siento apenada por haber utilizado este apoyo. Tenemos derecho a los apoyos cuando todavía no hemos crecido lo suficiente para ser grandes. Además, existe una sola verdad, lo demás son sus interpretaciones. La Verdad se nos está revelando a gran escala desde los años ochenta del siglo pasado a través de los Grandes Maestros que viven entre nosotros. Tu corazón es el único quien sabe a quién creer, en quién tener fe, a quién seguir. Si en este momento, sientes rechazo a las ideas que comparto contigo, simplemente engavételas hasta otro momento. Las gavetas se abrirán solas, cuando estés listo para un nuevo encuentro con ellas.

EFECTO "CEBOLLA"

Miedo mensajero nunca estará solito en nuestras vidas. Creará un ejército para hacernos escuchar "*detente, estás equivocado*", "*te vas a enfermar*". El último aviso del peligro llega en forma de tristeza. "*No pude, no logré, no alcancé*", etc. – es pura *insatisfacción*. Luchaste por obtener el resultado, creaste expectativa, te creíste ser el mejor, no quisiste ser el más malo. ¿Cuántos motivos tienes para bajar la cabeza y esconder tus ojos? *La insatisfacción* te obliga a sentirte *fracasado. Querías, pero no te dieron, no te permitieron, alguien no quiso*…. Y esto ya es el *victimismo.*

Lo que vas a descubrir a continuación te puede poner el pelo de punta. Verás cómo nuestro pensar y nuestro mundo emocional afecta al cuerpo. Si no quieres enfermarte, si quieres recuperar tu salud, si quieres estar cuerdo por mucho tiempo, hazle caso a tus miedos y su compañía. Déja de ser terco en tus convicciones, perseverante en tus acciones. Quien persevera se mata, no triunfa. Entrénate en encontrar todos los chips con los programas con el contenido nocivo. Aplica lo que aprendas. Se aprende aplicando. Si no estás seguro de que mis relatos te serán útiles, entonces es el momento para despedirnos. Pero si consideras que quieres seguir conmigo, te debo advertir que todo lo que aprendas y aceptes como verdad, te pondrá en posición del *ser responsable*. Tu *nivel de libertad* se va a elevar a la medida en que te liberes de los "efectos de la cebolla" - de las causas de tu tristeza. Estoy segura de que casi nunca en la vida te detuviste para ver a la tristeza como la cebolla morada que te hace llorar mientras la estas pelando. Nuestras equivocaciones y confusiones se agrupan en numerosas capas muy finas y transparentes como las de la cebolla. Tus cebollas se cultivan en el sustrato compuesto de todos tus sentimientos, emociones y estados emocionales que hayas vivido desde el vientre de tu madre como el feto y hasta ahora, como el ser adulto.

Te había contado en detalles todo lo que sé acerca de los miedos. Te había presentado a la Matriz de Sacrificio con sus principales integrantes. Todo este saber te va a ayudar a comprenderte a ti mismo para que salgas del *estado de víctima* y *proyecciones como el victimario*. Todos los días vas a contar cuántas cebollas te hicieron llorar tanto por dentro, como por fuera y de cuántas cebollas sacaste el zumo para liberarte de estupideces y vacunarte contra los virus de ingenuidad. Saber, saber y saber es tu nutrición principal. Tu corazón será el chef. Él siempre te dirá qué libro leer, entre tantos que se hayan publicado. Para cada inquieto curioso en la Biblioteca de la Vida hay su sala con miles de libros que te ayudarán a escribir el tuyo. Créame, como cada libro, el tuyo sería un aporte más para el perfeccionamiento de la Creación. La Creación es PERFECTA. Pero necesita "reinventarse" a sí misma perpetuamente para llamarse Vida.

En las redes de la Matriz del Sacrificio es imposible experimentar un estado de satisfacción, como es imposible vivir en un estado de felicidad. Esto se debe a la excesiva carga del alma con los deseos. Cuando deseamos algo, siempre creamos expectativa. Y la expectativa nunca será igual al resultado. Habitualmente la expectativa supera al resultado. Por eso solo podemos sentir alegría por haber llegado a la meta – punto que marcamos como referencia de éxito, y tristeza por no lograr el resultado 100% esperado.

Entre lo logrado y lo no logrado, nuestra vida se parece a la piel de una cebra, y la cantidad de líneas negras y blancas es la misma, pero tenemos la impresión de que las negras superan a las blancas. Si observamos nuestras actitudes respecto a lo positivo y lo negativo, le prestamos mayor atención a lo negativo, lo retenemos en nuestra memoria y lo mencionamos mucho más que lo positivo. Simplemente nos cocinamos voluntariamente en el caldo de la tristeza. ¿De qué está hecho este caldo? Sus ingredientes son: _la insatisfacción y el sentimiento de culpa_. ¿Por qué el sentimiento de culpa? Porque la insatisfacción busca al responsable de lo no logrado, y lo castiga con el "culpar" o "culparse". La culpa escoge cómo castigar al culpable y añade al caldo otros ingredientes en diferentes combinaciones y proporciones para obtener diferentes platillos, que en el menú de la vida aparecerán como "Ira" o "Enfermedades". Ya tendremos oportunidad de leer este "libro culinario". Ahora centremos la atención en la tristeza.

Si queremos encontrar a la tristeza, en primer lugar la buscaremos en los ojos. Los ojos son el espejo del alma, se dice, y no se equivocan. No podemos separar los ojos del rostro. _El rostro es el espejo de nuestras ilusiones o autoengaño_. Todos nuestros deseos, planes y metas son ilusiones. Si vemos a alguien con los ojos brillantes y una sonrisa de oreja a oreja, más la persona habla rápido, emocionalmente, enseguida sacamos una conclusión: "está contenta, tiene lo que quería". ¿Y cuando no tiene lo que quiere o no logra obtenerlo, o perdió lo que tenía cómo está? Triste. La tristeza se delata por los ojos opacados, sin brillo, ojos llorosos, las lágrimas, la mirada hacia el suelo o dispersa. Los labios están apretados con las comisuras hacia abajo. La voz es o muy débil, o se quiebra en gritos. Estas expresiones faciales pueden sugerir que la persona es demasiado seria, amargada o inaccesible.

Conoces muy bien el sabor de las lágrimas - el salado. Pero, probablemente, desconoces que las lágrimas no son solamente líquidas. Lagrimas secas son las que más derramamos porque nos negamos a ser "adornados" como el árbol de navidad, por los criterios juiciosos de los que nos quieren el bien y los que nos envidian y nos maldicen. ¡Mira cómo en nuestras actitudes de nuevo están presentes los miedos – *miedo a ser juzgado, miedo a ser despreciado, miedo a tener mala fama*, etc.! El *miedo a: lucir flojo, incapaz, fracasado, insuficiente* nos "arropa" con el *sentido de pena.* De hecho, cualquier miedo termina su trabajo preventivo con *cubrirnos con la baba del sentimiento de pena*.

Al principio, la tristeza puede pasar inadvertida y se derrama conjuntamente con las lágrimas y el alma se siente aliviada. Si no reconocemos la presencia de la tristeza y no la liberamos del mismo modo que lo hacemos con el miedo, se acumula y acudimos a las lágrimas cada vez con mayor frecuencia, pero el alivio esperado demora en llegar y se marcha cada vez más rápido después de llorar. Las lágrimas pronto dejarán de ser un alivio para el alma, pero no dejarán de usarse, y esta vez serán como un arma para conseguir cueste lo que cueste lo deseado.

El arma más popular, más conocida y más usada son las *lágrimas del chantaje*. A través de las lágrimas, *el manipulador* puede obligar al otro a hacer lo que se desea. El uso de esta arma no puede ser prolongado, ya que el chantajeado llega rápido al cansancio, se deprime porque no puede ayudar al llorón interminablemente por mucho que quiera hacerlo, y se siente impotente, además de ser *susceptible*. La impotencia genera un estado de *humillación*. Y la humillación lo hace a uno muy vulnerable ante las *enfermedades infecciosas*,, ya que la infección debe ayudar a quemar la energía de *la depresión*. Y las enfermedades infecciosas siempre se acompañan de fiebres altas o muy altas. Si la persona susceptible "pescó" una enfermedad y tiene miedo a que algún llorón la use como paño de lágrimas, obligatoriamente cerca de su cama aparecerá uno y dificultará la recuperación de la infección, y en vez de la recuperación, vendrá una complicación a causa de alguna gripe.

A muchísima gente le gusta ser "buena gente", le encanta expresar su conmiseración con el afligido y compartir su dolor. Esta actitud es especie de "solidaridad maligna". ¿Pensabas que la solidaridad es un aspecto positivo solamente? Nada es "solamente". De cuanto tiene de lo bueno, así mismo tiene de lo malo. Hay que tener mucho cuidado cuando se muestra mucha solidaridad. Recuerda que la *exageración* es la iniciadora de todas nuestras insatisfacciones y desgracias. Muchas veces mostramos disposición para ser un pañuelo para secar los mocos del ser en pena. Llega el momento en que el pañuelo ya no puede absorber ni una gota más de secreciones emocionales y ya no está dispuesto a continuar con la misión de "seca lágrimas" y se enoja muchísimo si el lloroso no tiene ojos para verlo. Seguramente, el llorón debe tener "una gaveta" de paños para cambiar. Pero cuando ningún "paño" ya puede absorber ni una gota más, el afligido se siente ofendido porque nadie se interesa por él, nadie lo quiere, etc. Sentirse abandonado o menos importante, hacen que las lágrimas sean más abundantes. Las víctimas de las lágrimas ajenas se defienden y *se inmunizan* contra las lágrimas, convirtiéndose en *personas insensibles e indiferentes*. Y un ser insensible e indiferente es un ser cruel. Inadvertidamente la persona se vuelve agresiva hacia cualquier lágrima. Y si esta agresividad no se libera, se va a acumular en la persona. *Para no convertirse en una persona cruel a causa de las lágrimas ajenas, basta con liberar el miedo a la tristeza*.

Las lágrimas pueden pedir, suplicar, culpar, atacar e incluso desear el mal. Si uno a través de las lágrimas pretende culpar a una persona, es en esencia desear a la persona mal y realizar este deseo. El llorón no puede ver que con su actitud hace daño a la otra persona. Con sus lágrimas quiere mostrar a los demás que es una víctima, que sufre y que el culpable debe cambiar. Muchas veces este objetivo se logra, pero el llorón nunca estará satisfecho completamente.

Cuando la persona no logra alcanzar su meta a través de las lágrimas, entonces llora de aflicción, y si logra lo que desea – llora de alegría. Sea cual sea la lágrima, es una manifestación de la energía de ira.

¿Cómo entender que las lágrimas de alegría puedan ser ira? Sucede, que la alegría y la tristeza son dos partes inseparables de un total, y si se manifiesta la alegría, la tristeza está oculta y se debe al lamento de que la vida no siempre es como uno quiere que sea.

Nuestros ojos pueden percibir el mundo de dos maneras: parcial e imparcialmente. Imparcialmente ven los ojos de aquellos que regularmente practican la liberación de los miedos. Estos no lloran y sus ojos brillan con una extraordinaria luz, que actúa como un imán sobre los demás y por supuesto, estos ojos están sanos. Mientras los que niegan la presencia del miedo, los que no reconocen sus miedos, tienen la visión reducida proporcionalmente al grado de su miedo. Ellos pueden o no llorar, pero sus ojos inevitablemente responderán con los trastornos de la visión y las enfermedades oftalmológicas. Habitualmente tenemos problemas de la vista, cuando no queremos o no podemos ver la realidad objetiva. Y la realidad objetiva no se ve cuando estamos apurados. Y el apuro está presente solo cuando está activo el miedo. Vemos una parte de la realidad objetiva, la otra está fuera del alcance de la visión, pero intuitivamente sabemos que existe más de lo que vemos, y lo que no vemos, lo imaginamos y consideramos lo imaginado o creído como una realidad.

El Miedo divide nuestros pensamientos en positivos o negativos. Esta división la observamos cuando expresamos nuestra referencia hacia lo circundante y hacia sí mismo en relación con lo circundante. Y la primera referencia se establece a través de los ojos. Los ojos perciben lo manifestado, y lo no manifestado solo está al alcance de la conciencia libre de miedo. Por tanto, cuando vemos algo "positivo" o "negativo", le ponemos la etiqueta correspondiente, pero no vemos lo que "está escrito" en la otra cara de la etiqueta. En la manera de etiquetar lo circundante elegimos una de las dos variantes:

- Con la edad vemos en lo malo solamente lo malo, y esta visión nos hace creer que el mal ha empeorado, es decir: el mal ha crecido. Ver que el mal está creciendo a pesar de ser atacado por todos los frentes y que el resultado es todo lo contrario a lo esperado de esta lucha tenaz, nos coge por sorpresa (sorpresa es miedo enorme), nos decepcionamos y comenzamos a albergar la tristeza.

- Con la edad vemos solamente lo bueno en lo visible bueno, y nos decepcionamos mucho cuando chocamos con la parte oculta de lo bueno y comenzamos a temerle a lo negativo no esperado. Y la tristeza en este caso es devoradora y lo abarca todo.

La tristeza acumulada y las lágrimas constantes por estar obligados a ver todo lo malo, nos agotan e impiden hacer algo para transformar la situación favorablemente. Al llorón le gustaría hacer algo para mejorar la calidad de su vida, pero tiene mucho miedo a lo malo y no confía en su capacidad de poder hacer algo al respecto, por eso se queda con los brazos cruzados y los pies doblados. Es absolutamente normal que se considere como actividad solo la actividad física, y la actividad mental, la que no se puede ver, ni siquiera se tiene en cuenta. Los ojos del llorón un día fueron grandes, lindos y expresivos, pero a causa de llorar tanto, perdieron el líquido y disminuyeron de tamaño, como si se secaran e incluso puede disminuir el tamaño del globo ocular.

El llorón "crónico" puede llorar por todo y por todos sin agotarse. Pero también se agotan los que están cerca del llorón. Tras las lágrimas de todos los días, se esconde la *impotencia colerizada contra todo el mundo*, incluyendo al propio llorón. La sensación de estar humillado aumenta incalculablemente. Visto desde afuera, nadie se da cuenta de cómo esta persona agotada puede dañar a los demás que viven a su alrededor. Esto lo saben solo aquellos que están cerca. Y ahí, donde está la humillación, está la tristeza.

La otra cara de la tristeza es *la crueldad*, y ahí donde haya tristeza estará la crueldad también. Estará visible una de ellas, y la otra estará oculta.

La humillación se practica con mayor frecuencia sobre los niños. Los niños sufren de las imposiciones de los adultos y se tragan la tristeza hasta que se llena la copa sin derramarse. La tristeza se retira al segundo plano y su lugar lo ocupa *la crueldad* y presenciamos el nacimiento de un criminal en potencia. Sí, *los criminales* son crueles, pero más que crueles, son tristes. Así aparece un ser cruel en lugar de un niño.

También se observa la tendencia hacia la fragilidad emocional en las personas mayores. No solamente lloran las mujeres, sino también los hombres, y la franja de la edad de las personas tiende a bajar. . Las personas mayores generalmente ven lo malo, y se hacen daño las unas a las otras. También tienden a ser crueles. Si ven los errores de las personas jóvenes, por más pequeños que sean esos errores, se convierten en jueces muy crueles, no tienen piedad en sus agresiones. Muestran una alegría malévola. Esta alegría es lo mismo que la crueldad. No se dan cuenta de lo que hacen, se sienten inocentes, y después no comprenden por qué la vida es cruel con ellos.

La crueldad no se manifiesta solamente en forma de ofensas o golpes físicos. La crueldad se muestra también en *la insistencia en transformar a alguien según lo que a uno le parezca bien o correcto.* Yo tengo muchos ejemplos de mis tonterías en este asunto. Parece que nací con este programa, tanto es así, que el primer pedido de transformar a alguien en buen chico lo recibí cuando tenía 15 años. Después llegó el otro a los 16 años. Tuve éxito en esta hazaña mientras el sujeto en transformación se apegaba a mí y se sentía enamorado. Yo me sentía enamorada de mis obras. Durante algunos años, no muchos, me tocó trabajar con los adolescentes con problemas de conducta. Ellos me adoraban solo porque no los regañaba por sus fechorías, entendía la causa de su rebeldía y protestas contra el orden. Con quien me excedí fue con mis parejas. Me parecía importantísimo ver en ellos progreso en todas las esferas de la vida, sobre todo en la economía. Algunas de mis amistades me llamaban "gallina de huevos dorados". Pues siempre pensé que los gallos deberían tener tremendas espuelas para contribuir a la puesta de huevos; pero ellos preferían servirse de los míos. Al final se quedaban sin la gallina y sin sus huevos. Tenían bastante éxito con otras gallinas mostrándoles huevos dorados. Cada persona tiene su personalidad y nadie tiene posibilidad de cambiarla si el propio sujeto no decide hacerlo.

Cuando uno ofende al otro, es lo mismo que darle candela. Pero cuando uno se impone para transformar al otro, esto ya es una tortura cruel.

Habitualmente el trabajo de verdugo lo hace la llamada buena gente. Claro está, lo hace con buenas intenciones. También, claro está, que de buenas intenciones está hecho el camino hacia el infierno. Realmente son personas sumamente crueles, ya que agreden al espíritu de la otra persona. Después no entienden por qué el mundo y la vida son tan crueles con ellos.

La persona cruel atrae la crueldad y también la busca. Ejemplo de esto es la necesidad de ver películas de contenido cruel, leer artículos en los periódicos de contenido cruel, etc. Mientras tanto, la ira dentro de la persona sigue creciendo y creciendo, ya que la propia persona la cultiva. Es muy difícil que se dé cuenta de los cambios negativos que ocurren, pero los demás sí los ven y los sienten.

Para que lo negativo cambie, la persona debe modificar ante todo, su relación respecto a esto negativo, y entonces cambiará la vida también.

La persona triste lo toma todo a pecho, y esto negativo tomado a pecho se queda dentro del pecho, o mejor dicho, dentro del corazón. Parece que las personas no tienen suficiente inteligencia como para en vez de tomar las cosas a pecho, corregir lo negativo. Este tipo de personas llora y se lamenta de que sus sueños no se cumplieron, y llora hasta que se desnutre tanto física como emocionalmente.

La persona puede llorar sin derramar una sola lágrima. Los más audaces en esto son los hombres. Por eso ellos son más vulnerables que las mujeres. Un hombre puede ser un Hércules físicamente, como un modelo masculino, pero cuando se le abre el corazón – llora. Es un error considerar que los hombres no lloran, y aún más grave error es considerar que el hombre no debe llorar. Estamos en un nivel de desarrollo tal que las lágrimas son necesarias. Y si uno vive con la enfermedad *"yo no puedo llorar"*, debería saber que a pesar de todos los intentos y esfuerzos por eliminar la tristeza, ésta sigue viviendo dentro de uno y está tratando de enseñar al hombre ser sabio.

Aquellos que no lloran justifican la continencia de la tristeza con las siguientes frases: "*acaso llorar puede ayudar*", "*qué me da llorar*". De dar no puede dar nada, pero sí puede quitar.

La tristeza es la envoltura de la ira – no aceptación, y está hecha de su energía. En dependencia de la cantidad de energía de ira acumulada, cambia la envoltura, de líquida a sólida, de diferente densidad y así se determina el grado de tristeza. La tristeza siempre estará relacionada con el agua o las lágrimas. Las lágrimas aparecen cuando *sentimos la impotencia.* Y la impotencia llega después de debilitarnos en los combates por obtener lo deseado.

Si el miedo pertenece a la categoría mental y se expresa a través del comportamiento, la ira y la tristeza son categorías energéticas y se manifiestan a través de diferentes trastornos fisiológicos y enfermedades físicas y mentales. La ira es energía de enfermedad, el miedo es su información, la tristeza es el puente entre el miedo, el sentimiento de culpa y la ira. Los cuatro están fusionados, y esta fusión se llama "enfermedad".

En mis andares en búsqueda del saber me he encontrado con muchas personas brillantes. El sistema de interpretación de la Realidad Objetiva de Viilma Luule me ha cautivado. Encuentro en ello todas las respuestas a cualquier "por qué". Le he conferido el nombre "Filosofía del cuerpo". Lo he estudiado a fondo, lo he practicado y doy fe que funciona impecablemente en cualquier esfera de nuestras vidas. Considero, como tarea más importante para servir al prójimo, ser el cordón divino entre ella y los que ya están listos para abandonar el sacrificio. Sí, existen muchas otras formas de lograr el mismo resultado. Pero me cautivó precisamente este por ser bien sencillo, por ser bien accesible económicamente y por estar siempre a la mano. Muy fielmente a través de mí te va a llegar su enseñanza. Se enfoca en la sanación. La autora de este sistema estuvo entre nosotros hasta el año 2004. Un accidente de tránsito le sirvió de puente para trasladarla hacia la morada del Creador. La muerte para los ojos de casi la totalidad de los seres humanos se interpreta como una desgracia. Para mí no lo es. La muerte es el punto final en el plan de estudio del curso escolar después del cual llegan merecidas vacaciones. El cuerpo como uniforme escolar se deterioró y no puede usarse más. Para seguir yendo a la escuela después de las vacaciones, se compra uniforme nuevo a la medida. Todos los que se van de vacaciones, lo hacen por la decisión de su Esencia. Algunos lloran y no quieren terminar el curso sin antes revalorizar sus notas. La vida les había dado al menos tres oportunidades para revalorizar las notas en asignaturas pendientes, pero no lo lograron aprovechar simplemente porque enfocaron su atención en sus deseos en vez de reales necesidades. El curso suspendido ha de repetir. ¿Quién no sufriría por ello?

La Vida me presentó a su hermana gemela – la Muerte, cuando mi compañero de vida suspendió el examen llamado "celos". Tal vez más adelante te contaré esta historia con lujo de detalles. Ahora te cuento cómo conocí la Muerte de cerca. Estuve muy apegada a mi pareja. En uno de sus arrebatos de celos, decidió "callar" sus lágrimas y las envió secas en el pozo oscuro de su alma. "Resbaló" y cayó en el mismo pozo y "tocó fondo". Quería sacarlo, pero me ahogaría junto con él. Y entonces se acercó la Muerte, "un ser" dulce y amoroso incapaz de dañar a nadie. Yo sentía mucho frío del miedo a perder a mi ser querido. La Muerte tenía imagen de una niña bella. Ella se sentó en el columpio con su hermana e invitó a columpiarse a mi esposo. Él se sentó entre ellas. Las dos estaban esperando la decisión del hombre, con quien él se quedaría. La Muerte no insistió en nada, le dio derecho a la Vida a ser más importante en aquel momento. Y la Vida lo aceptaría si él encontrase el sentido real para su vida.

Alguien hace mucho tiempo calumnió a la muerte y la gente le hizo caso a la calumnia. Desde aquel entonces, la Muerte cayó en desgracia. La siguen maltratando en palabras y en acciones. Hoy en día hay muchísimos métodos para "alargar la vida" con los alcances de la medicina, la ciencia y la industria farmacéutica. A un enfermo nadie le puede alargar la vida porque ya está muerto en vida del dolor físico y emocional. La muerte con su generosidad, llega para ofrecerle a este ser cansado liberarlo del suplicio. La muerte no se lleva a nadie, porque igual que la vida, es energía de Amor. La vida y la muerte son dos caras del mismo total y no pueden separarse.

Me gustaría conocieras la tristeza bien de cerca. Conociéndola bien, no necesitarás ni velas, ni vaso de cristal, ni humo de tabaco, ni animales para sacrificio para hablar con los muertos y los santos. La misma tristeza, en conjunto con los integrantes de la Matriz de sacrificio, te contarán la verdad de ti y de cualquiera que esté en la mira de tu atención. Desde luego, la sabiduría ancestral guardada en el folclor y la religión son tan válidos como descubrimientos científicos. Cada cual para lo suyo. Podría decirte, incluso, que Filosofía del Cuerpo para ser practicada necesita de tu fe. Y cuando de fe se trata, hablamos de los asuntos espirituales que no siempre se pueden probar con los experimentos de la ciencia moderna. Lo espiritual hace muchísimos siglos expresó muchas verdades. Y solo ahora la ciencia corroboró con ecuaciones matemáticas y experimentos de las ciencias exactas y naturales la existencia del más allá. Está naciendo una nueva interpretación de la Realidad, en la cual vamos a vivir si correspondemos a ella hoy.

Espero conozcas que el Mundo está construido de _energía_. Todo lo que existe es expresión de energía. La energía es una sola – Amor. Te sugiero dejes de utilizar tales conceptos como "energía positiva" y "energía negativa". Energía siempre está cargada de información. Nuestra mente o la enriquece o la contamina. Energía de Amor es la única que fluye libremente y permea absolutamente todo. Energía contaminada "se reserva" en los estanques; estos no pueden cambiar su tamaño (volumen), pues la energía se densifica. Los estanques se forman en cualquier lugar o punto de nuestros cuerpos. Todo depende del veneno que se haya utilizado y su concentración. Los venenos pueden matar súbitamente poco a poco. A la tristeza le vamos a asignar su símbolo, y este será **_agua._**

Al igual que miedo, la tristeza, en dependencia de la densidad de la energía contaminada por las incomprensiones, se divide en cuatro grados y puede manifestarse en el cuerpo de *forma local o general*. Las *manifestaciones locales* surgen cuando la tristeza está causada por problemas personales. Y si la causa de la tristeza son los *problemas en general* - me preocupa todo y todos, se manifestará en todo el cuerpo.

Y en dependencia de nuestra manera de llorar por nuestros pesares, el agua se va a transformar. Por un lado se convierte en vapor. Esto sucede cuando nos "explotamos" emocionalmente, decimos "hiervo por dentro", "me exploto". El grado de evaporización depende de la fuerza de la explosión. Nuestro cuerpo poco a poco pierde líquido y el resultado de esta pérdida lo observamos en el paulatino envejecimiento del cuerpo. Por otro lado, las emociones funcionan como una centrífuga de lavadora con la diferencia de que no seca la ropa, sino que emulsiona los líquidos "sobrantes" de nuestro cuerpo y como resultado aparecen "huéspedes" no deseados, desde los simples granitos en la piel, hasta tumoraciones en los órganos y tejidos y otros cambios en las estructuras del cuerpo. Los líquidos "sobrantes" son el producto de la **tristeza** *controlada, compactada, aplastada, rechazada y sepultada,* depende de cómo la haya tratado.

TRISTEZA	controlada compactada aplastada rechazada sepultada

El **primer grado** de la tristeza se llama **AGUA**, o **lágrimas no derramadas**.

¿Qué sucede con las lágrimas que deben salir, pero no se les permiten hacerlo? Se derraman hacia adentro. El cuerpo debe crear condiciones para recibir estas "precipitaciones". ¿Qué hace? Puede utilizar las cavidades: precordial, abdominal, craneal y la pleura pulmonar como represas y crear estanques en forma de: *quistes de agua o sangre*. Esta opción el cuerpo la utiliza si la tristeza está causada por *problemas personales*, es decir habrá una patología limitada.

Si la tristeza está provocada por un *problema en general*, la patología será general y se manifestará en forma de *hinchazón y edemas*, que abarcará todo el cuerpo.

El individuo con este grado de tristeza siente una activa esperanza de poder liberarse de la tristeza y disposición a llorar, responde activamente a la tristeza; quiere y se permite llorar, pero no puede hacerlo delante de nadie si sus lágrimas se deben al sentimiento de lástima por sí mismo. Pero sí, llora abiertamente cuando ve las lágrimas ajenas, liberando las penas propias y absorbiendo la tristeza ajena. Se manifiesta solidario con el dolor ajeno y compadece al afligido. Este tipo de solidaridad y la conmiseración hacen mucho daño al individuo, ya que añaden tristeza ajena a la tristeza propia.

Podemos experimentar disímiles sensaciones a causa de la tristeza acumulada. Una de ellas es la ***desolación.*** La desolación es ***tristeza*** interna ***concentrada***. A veces utilizamos frases como: estoy terriblemente desesperado, o estoy tan desolado que ya no puedo conmigo mismo. En este caso experimentamos un terror que paraliza el razonamiento y la capacidad de moverse y entonces sentimos que nos encontramos en un callejón sin salida. Este estado es la causa de *situaciones forzosas* en las cuales estamos obligados a hacer lo que realmente no queremos hacer. Y para poder hacer lo que se debe, se bloquean el miedo y la tristeza. Todo se acumula dentro, tomando cada vez mayor tamaño y ocupando cada vez mayor espacio en el cuerpo.

La dirección que tomarán los líquidos "sobrantes" depende del problema que causa la tristeza.

Algunos ejemplos:

- Patología de la pleura pulmonar señala problemas, que se relacionan con la *limitación de la libertad.* La pleura tiene dos superficies: la que cubre los pulmones – la enfermedad de este tipo de pleura señala que la persona limita su propia libertad; y la que cubre desde adentro la cavidad torácica - se enferma cuando la libertad es limitada por alguien.

- El miedo a no ser amado exige que seamos buenas personas. Muchos desarrollamos el "*síndrome de ser buena gente*". Una de las manifestaciones de este síndrome es la "**hipertrofia del sentido del deber**". Cumplimos con absolutamente todo y todos; sin tenernos en cuenta a nosotros mismos, dejamos de existir como individuos y somos sustituidos por androides – robots con cuerpo humano, programados para el cumplimiento de órdenes. Los androides siempre responden positivamente a los llamados tipo: tenemos que..., hay que sacrificarse para..., la idea lo exige..., etc. En esencia son *situaciones forzosas*. A la persona le fue inculcado **cumplir con..., porque si no...** Cualquier resultado insatisfactorio del cumplimiento de la tarea asignada puede desatar la enfermedad. O cualquier crítica sobre los resultados alcanzados trae el mismo efecto. La persona se siente culpable y triste. Sufre por no ser lo suficientemente buena y por defraudar a los demás. Se siente avergonzada.

- **Los edemas** son el resultado de la *constante tristeza*. La constante *hinchazón* poco a poco se convierte en *gordura u obesidad*. El agua es el material de construcción para las grasas.

- En nuestra vida cotidiana utilizamos al cuerpo como una naranja, a la fuerza de voluntad como extractor de jugo y a la exigencia como regulador de la velocidad de extracción. De la naranja es imposible exprimir más jugo del que ésta puede dar, solo se puede variar su transparencia y consistencia. Si uno exprime el jugo lentamente, el líquido será transparente. Pero si aumenta la velocidad de extracción el jugo va a salir mezclado con pulpa. Es decir, mientras mayor es el esfuerzo – mayor fuerza de voluntad – peor serán las consecuencias. Los líquidos "sobrantes" pueden salir en forma de *secreciones de órganos y tejidos*, cuya consistencia puede variar desde un líquido transparente hasta tumores en los tejidos, tipo:

- ateroma, o quiste de la glándula sebácea, que conduce a la obliteración de la glándula.

- lipoma – tumor benigno hecho de tejido graso.

- bartolinitis o tumor cutáneo de las glándulas sexuales; puede tener diferentes consistencias, frecuentemente es grasa muy espesa.

- teratoma o tumor congénito. Puede formarse de diferentes tejidos.

¿Qué queda de la naranja sin jugo? El hollejo y la cáscara. Todavía tiene algo de líquido en su estructura, es flexible y tiene señales de vida. Las continuas exigencias van a trabajar como el sol, secando la cáscara, dándole propiedades de madera.

La madera es el símbolo del **segundo grado** de la tristeza. La madera es un material relativamente blando, ligero y cálido, de cierto modo flexible y seco. Así mismo es la persona en esta fase: *dura como un palo*.

El individuo sigue compadeciendo a los afligidos y adoloridos, pero sin llorar junto con ellos. Ayuda cuando se le pide, pero no ofrece ayuda voluntariamente. Tiene carácter suave y flexible. Las lágrimas ajenas pueden obligarlo a hacer todo lo que se le pida. El abuso del uso de las lágrimas para conseguir lo que se necesita crea un mecanismo de defensa que se llama *insensibilidad*. Si alguien le hiere, llora como un árbol en primavera. El individuo se vuelve *indiferente* a muchas cosas y no entiende el porqué; frecuentemente no sabe qué hacer; desea estar lejos de todo lo negativo; aparentemente nada le duele; lo que antes le dolía ya no le molesta más; no reconoce estar triste si alguien menciona su tristeza; no tiene alegría, se encuentra en un estado de *resignación*.

A este grado de tristeza también le podemos llamar **tristeza entumecida**.

El cuerpo en esta fase de tristeza se comporta de manera distinta en comparación con el grado anterior. Ya no utiliza las cavidades del cuerpo ni los quistes como estanques para los líquidos "sobrantes". Su lugar lo ocupan *los tumores benignos* fuera de las cavidades, **en los tejidos**, si la tristeza está relacionada con los problemas personales. Si la causa de la tristeza está provocada por los problemas en general (todo me preocupa y todo me da tristeza) el cuerpo responderá con el *progresivo aumento de peso*. Todas estas manifestaciones pueden estar presentes juntas.

Para ilustrarlo veremos el ejemplo:

La persona es obesa, tiene edema en las plantas de los pies, también le salió un lipoma en el hombro, tiene un quiste en la tiroides. ¿Cómo descifrar esta información? La *obesidad significa* que la persona intenta ser indiferente=insensible a todo lo negativo. No puede lograrlo, ya que su corazón todavía siente.

Edema en las plantas de los pies significa tristeza a causa de los problemas cotidianos relacionados con la economía, y es tristeza no llorada.

El lipoma en el hombro significa sufrimiento por exigencia extrema, a veces está al estallar, pero logra contenerse.

Quiste en la tiroides significa que la persona practica la *continencia emocional*. Cuando la culpan de algo, crece la tensión. No abre la boca para defenderse, pero al menos llora para liberarse. Al llorar se siente incómoda por hacer sufrir a los demás con sus lágrimas, se siente avergonzada, habla incoherentemente. Insiste en aprender a callarse la boca y con este comportamiento se convierte en una persona cruel. El ser visibles estas manifestaciones, significa que la persona quiere liberarse de los errores que comete, quiere hablar de ellos, pero no lo hace. No quiere o no puede reprimir su ira, pero tampoco puede gritar. No busca ayuda de los médicos porque piensa que tiene problemas insignificantes, está acostumbrada a ellos.

Si seguimos con la práctica de las *exigencias extremas* y la *continencia de la necesidad de exteriorizar lo que sentimos*, la cáscara de naranja hecha madera, se convierte en piedra.

El grado tres de la tristeza tiene por nombre **PIEDRA.** Es la fase de fosilización de los sentimientos y de los pensamientos. ¿Por qué piedra? Si ejercemos enorme presión sobre la madera, entonces la madera adquiere propiedades de piedra = carbón de piedra. A veces pronunciamos la frase: no soy de piedra – lo que quiere decir que la piedra no siente, es dura, resistente, fría. Lo mismo podemos decir de la persona en esta fase de la tristeza: es una persona fría que no despide calor, algo pesada, insensible, no le importan las lágrimas ajenas, también es dura, nadie puede obligarla a nada, y para que llore hay que encontrar en su alma alguna debilidad. Es el "tipo duro" de la "película".

En esta fase de tristeza es característica la *insensibilidad o fosilización de los sentimientos.* El proceso de fosilización de los sentimientos físicamente se manifiesta en la *formación de litiasis* en diferentes órganos: riñones, vejiga, vesícula, vasos linfáticos, glándulas salivales, lagrimales, materias fecales fosilizados en el intestino grueso. En fin, nos entrenamos en no manifestar absolutamente nada de lo que sentimos, que ya no sentimos nada.

La *ateroesclerosis* es fosilización o calcificación general. Un *alto contenido de colesterol* es característico de esta fase y significa que la *persona es maximalista o extremista y desea obtener todo de inmediato y a cualquier precio*.

¿Cuál es el comportamiento característico en esta fase de tristeza? El individuo piensa muy rápido, lo que le obliga a actuar con rapidez y a hacer todo en un momento, come muy rápido. Se destaca por ser inflexible consigo mismo y con los demás, es presumido, demasiado seguro de sí mismo, prepotente, defiende siempre su razón porque cree que siempre la tiene. Si nadie le dice sus defectos, no se da cuenta de que los tiene y se considera ser casi perfecto.

Si a esta persona la rodean personas que siempre están de acuerdo con ella, la arteriosclerosis progresa con rapidez y conlleva a la demencia. La demencia dice que su raciocinio se fosilizó y es peligroso ser guiado por ella.

Las personas en fase tres de tristeza *no reconocen ser tristes*. Usan frases como: ¡Qué tristeza ni tristeza! ¿A quién le ayudaron las lágrimas? ¡No te metas en mi vida! ¿Qué te importa?

Esta tristeza siempre está acompañada por la tensión. La tensión siempre genera apuro. La persona vive en un ritmo altamente acelerado, casi siempre está contra reloj. En el momento de gran tensión aparece el dolor producido por los cólicos de las piedras en movimiento. La persona que vive corriendo parece estar en constante movimiento de sacudida.

Hay otro grupo de los tristes del grado tres, que *no desean correr sin sentido*, tampoco *quieren que nadie les gobierne*. La respuesta del cuerpo a esta forma de pensar es *calcificación en las articulaciones*.

Las *articulaciones simbolizan* la flexibilidad en la vida, la movilidad, la complacencia, la habilidad de tener en cuenta a los demás, el ser transigente.

La aterosclerosis es líquido comprimido en las mucosas, la piel, los músculos, los tejidos subcutáneos y los tejidos grasos. Se reduce el volumen y la masa de tejidos. Todas las enfermedades compuestas con -esclerosis tienen la misma base.

La tristeza en grado tres todavía comprende que la persona puede exprimirse un par de lágrimas.

En conclusión, cuando el problema es personal tenemos litiasis; cuando el problema es general, tenemos esclerosis.

Si todavía seguimos con las *extremas exigencias*, la piedra en la que nos convertimos sencillamente se quiebra en numerosas placas filosas y parece metal cortante.

El grado cuatro de la tristeza se nombra **METAL**. En esta fase la tristeza se convierte en *crueldad* y sus cortaduras duelen enormemente. La tristeza grado cuatro se divide en dos sub-grados:

- Ligera, cuando un órgano o tejido ya no puede cumplir con sus funciones.

- Grave, padecimiento de cáncer, sepsis generalizada, SIDA.

Esta fase se caracteriza por la *negación total de la existencia de la tristeza*. Se manifiesta en *no reaccionar ante los sucesos negativos de la vida, evadir el dolor más mínimo provocado por la vida*.

El material cortante habitualmente es metal. La cortadura duele y hasta puede ser mortal (heridas mortales) Todo esto significa crueldad.

La tristeza siempre está provocada por el temor a no ser amado. En su grado cuatro *la tristeza y el miedo están aniquilados, sepultados.*

La crueldad es el fruto del deseo de ser fuerte, resistente.

Nuestros principales maestros son nuestras emociones negativas. Las emociones positivas son sabiduría adquirida, y las negativas son sabiduría por adquirir. Las emociones negativas en sí son diversos tipos de estrés, que esperan ser liberados.

¿Cuáles son las manifestaciones corporales de la tristeza grado cuatro?

- La sensación de entumecimiento en un órgano, una parte del cuerpo o en todo el cuerpo.

- La sensación de que un órgano, una parte del cuerpo o todo el cuerpo están muertos.

- La disminución de las funciones de un órgano, una parte del cuerpo hasta la pérdida total de las funciones cuando se necesita la intervención quirúrgica para extirpar el órgano; Si en esta fase se añade alguna situación que provoque fuerte humillación, surge una infección con pus y el órgano debe ser eliminado de urgencia para poder salvar al cuerpo.

- Todo tipo de heridas, desde las más pequeñas e insignificantes, como son los pinchazos o las cortaduras ligeras, hasta las muy grandes y peligrosas para la vida, incluyendo las heridas hechas por un cirujano o por un criminal.

El tamaño de la herida depende del grado de aniquilación de la tristeza.

La intensidad de la hemorragia depende de la fuerza del deseo de venganza.

- Todos los defectos de la piel, el estado de los cuales depende de la escala de aniquilación de la tristeza, es decir del grado de crueldad (se puede sentir una sensación de entumecimiento).

- La formación de tumores malignos. Cuando una persona se siente desolada, inútil se convierte en malévola = malintencionada. Es el camino hacia el cáncer.

Si las lágrimas no derramadas se consideran generosidad o nobleza; si la insensibilidad anquilosada se considera bondad o beneficencia; y la sensibilidad fosilizada se considera fuerza, entonces ¿cómo comprender por qué tantas buenas personas mueren en terribles sufrimientos?

Del mismo modo en que se sepultan los pensamientos y sentimientos, se sepultan también sus portavoces – las palabras; se sepultan en el órgano, la parte del cuerpo, el cuerpo entero. Nadie llama la aniquilación de la energía violencia o crueldad.

La persona que desea ser fuerte, a veces la más fuerte, no comprende que la híper-fuerza es crueldad.

Al aniquilar la tristeza, la persona comienza a parecerse al metal, convirtiéndose en una persona pesada =

demasiado eficiente, extremadamente exigente y responsable; dura o fuerte; fría, calculadora y racional en extremo; inanimada e insensible.

LA IRA

Es hora de conocer qué es la ira. Para muchos la ira es una emoción negativa fuerte que dura, mientras dura el enfado. Pero la ira es mucho más que una simple emoción, es el estado en el que el individuo **permanece** consciente o inconscientemente toda la vida, si no se ha liberado del miedo a no ser amado. La Matriz del Sacrificio es muy persistente y a toda costa intenta mantener a nuestros pensamientos con la idea de que para **tener el amor hay que merecerlo**. Esta idea obligatoriamente nos conduce hacia la posesión y en nuestro vocabulario existe una palabra que lo afirma y es "mío (a)". Observen: "él es mi amor", "mi amor es mi hijo", "tengo mis amigos", "mi dinero", "mi idea", "mi carro", "mi casa"... Intenten sentir lo que se experimenta, cuando se pronuncian estas pequeñas frases. Entre el placer y el orgullo, percibimos que nos pertenece algo, nos hace sentir seguros, potentes (o prepotentes). ¿Me equivoco?

Nuestros pensamientos en sí son información a la cual respondemos emocionalmente, y esta respuesta es energía. Es decir, la información se manifiesta a través de la energía. El Mundo se manifiesta a través de la diversidad de las energías: eléctrica, nuclear, eólica, térmica, vital y muchas otras más. De las mencionadas, creo que la vital llama más la atención. La energía vital es amor, es universal y es energía de creación. Todas las demás energías son sus derivados. La única energía que fluye libremente es la energía de amor, no tiene ningún tipo de carga, todas las demás son condicionadas. Y si hablamos de la energía positiva y la negativa, entonces hablamos de la ira. La ira se manifiesta a través de la alegría y la tristeza. La alegría es el polo positivo de la ira, y la tristeza es el negativo. La felicidad es la manifestación de la energía de amor.

Para no confundirte y volverte loco, mantendré temporalmente concepto "energía negativa". Pero no olvides que es *energía de amor envenenada por las incomprensiones.* La energía negativa es aquella que no puede fluir libremente, por tanto se estanca, se acumula en el estanque, se compacta y en dependencia de su densidad se manifiesta en el individuo como enfermedad. Se puede decir que *la enfermedad es el exceso de energía*, encerrada en el estanque. Cualquier lugar de nuestro cuerpo puede servir de estanque, esto depende del tipo de pensamientos que solamos tener y cómo nos relacionamos con ellos. Los pensamientos son muy rápidos y no siempre estamos conscientes de todos ellos. Solo registramos aquellos, a los que responde nuestra alma. Y el alma responde principalmente a lo desconocido y a lo no entendido. A través del alma madura el espíritu.

Ira es todo aquello que no deseamos, no aceptamos, rechazamos, es cualquier afirmación del contexto negativo. Por ejemplo, cuando pronunciamos la palabra "lucha" la asociamos con las batallas, las guerras, la destrucción. Se puede luchar por o en contra de algo. Sea cual sea el propósito de la lucha una de las consecuencias de esta será siempre la destrucción. Por tanto "lucha" es una palabra de contexto negativo y encierra dentro de sí la energía de ira. Sin embargo, la energía de amor nunca destruye, sino crea, desarrolla y transforma continuamente. Es un fluir constante y eterno el cual también podríamos llamar evolución. La palabra clave de la energía de amor es "transformación".

Una de nuestras actividades más comunes es la lucha contra el mal. Lo encontramos en cada esquina. ¿Pero qué sabemos acerca del bien y el mal? Sabemos mucho, solo que olvidamos una ley universal muy importante, la Ley de la Polaridad, que dice que cualquier total consiste de dos polos opuestos que se encuentran en equilibrio. No hay cosas, sucesos, ni personas buenas ni malas. Ellos existen y ya, en su unión. Nuestra mente los hace buenos o malos cuando rompe el equilibrio entre ellos. Al total nosotros siempre lo tratamos de dividir en dos. No entendemos que eliminando el mal, exterminamos el bien también. No es que el mal haya que aceptarlo, simplemente se necesita comprender su propósito y a través de la comprensión transformarlo en el bien. *El bien es el mal comprendido*. Entonces no hay ninguna necesidad de luchar contra el mal. En la lucha contra el mal ya no nos queda tiempo para hacer el bien. En la lucha crece nuestra ira, ganando terreno al amor, sembrando el odio. *El odio es ira*, pero multiplicada. Cada día quedan menos semillas de amor, los campos de odio proliferan y amenazan con destruir al amor. El amor es vida. No creo que estemos dispuestos a morir. Entonces en vez de sacar las "hierbas malas", hay que sembrar el amor. Así ponemos nuestro granito de arena para salvar la vida en este planeta.

El mal es nuestra negatividad. Cuando luchamos contra el mal, aumentamos la negatividad. Un mal pequeño crece de la negatividad y se convierte en un mal grande.

El mal es energía también, es amor envenenado por los inventos de la mente dominada por los miedos. Se sabe, que es imposible matar o eliminar la energía. La energía se transforma. Por eso, lo único que podemos hacer es transformar el mal en bien.

El mal y el bien son categorías relativas. Lo que es bueno para uno no es necesariamente bueno para otro. Esta verdad se olvida. Como consecuencia de este olvido dejamos de respetar lo auténtico de otras personas. Nuestro comportamiento cada día se matiza más y más por *la imposición*. Queremos tener la razón, consideramos nuestra opinión como la más correcta y echando espuma por la boca o con las armas en las manos obligamos al oponente a aceptar nuestra razón. La imposición es violencia, es manifestación de energía de ira. Cualquier imposición como respuesta tiene *protesta* en todas sus manifestaciones. La protesta es ira también. Mientras más grande es el miedo del hombre a que "no lo quieran", con más impetuosidad va a imponer su razón. El oponente con el mismo miedo, puede aceptar calladamente la razón del otro y vivirá reprimiendo su ira, o se preparará a atacar al contrincante, gestando la *venganza*. **Reprimir los sentimientos es ser violento consigo mismo**. La violencia es ira. **Los sentimientos reprimidos son ira violenta**. La imposición genera el no-deseo de hacer lo que se impone. Este sentimiento, a su vez, genera un sentimiento más destructivo todavía – la ira. La protesta contra la imposición, la falta de libertad, la protesta contra la vida sin amor, etc. aumentan su fuerza destructiva.

La persona valiente jamás impondrá sus ideas, sino que las expondrá o propondrá, y respetará las ideas de las demás. La persona valiente tiene una voluntad inquebrantable. **La voluntad es energía derivada de la energía de amor, es sagrada y debe ser respetada.**

Lamentablemente se respeta poco la voluntad ajena y se ejerce mucho el derecho de imposición, motivado por la idea del igualitarismo. El padre quiere que el hijo sea como él. Los maestros quieren que sus alumnos sean como… Los jefes de estado quieren que los jefes de otros estados sean como… Y así interminablemente. **Padecemos de la manía de ser los mejores o perfectos, o los que sabemos más.**

Así las potencias mundiales imponen sus reglas del juego a los demás, a quienes consideran menos capaces, y después cobran por los "favores" prestados; así se inventan los héroes e ídolos a quienes seguir, independientemente de la época en la que vivieron; así los padres "orientan" a sus hijos a ser lo que no lograron ser ellos; así se forma la masa gris incapaz de pensar y por tanto su destino es ser guiada. En fin, está presente un fenómeno que creíamos desaparecido, se llama **esclavitud.** Solo que ahora viste un traje nuevo, pero su esencia sigue siendo la misma: imposición, opresión, violencia. ¿Puede un esclavo ser feliz? Exacto, no puede. Para ser feliz se necesita ser libre. Muchos prefieren ser esclavos con tal de que se les dé el "amor", que de vez en cuando se les pase la mano por la cabeza, o se les permita no morir. Otros se levantan en lucha armada o de ideas y no comprenden, que de un dueño cambiarán a otro, pero el Mundo seguirá igual. La vida cambiará solo para aquel que logre liberarse del miedo "no me quieren" y alcance la paz interior.

La imposición **humilla**, priva al hombre del derecho a pensar, de la libertad para actuar según su forma de pensar. La ira que crece de la imposición es la más violenta, es capaz de destruir a todo y a todos, incluyendo a uno mismo. Quien soporta por largo tiempo la humillación, comienza a humillar para no ser humillado. El valiente no se siente humillado, pero el que vive asustado quiere demostrar a los demás que lucha por la justicia. Una de las "virtudes" del humillado es la continencia. Desde chiquitos se nos enseña a controlarnos como una regla de buena educación. En realidad la **continencia** es el "lubricante" para el esófago para poder "tragar" lo que no nos baja. La continencia es la maniobra para esconder el sentimiento de humillación. La continencia es violencia sobre uno mismo, es odio hacia uno mismo. Por ser energía negativa con el tiempo se cristaliza en una enfermedad.

El respeto se va al olvido, pero la ira va cobrando fuerza y se instala en el alma y se cristaliza en el cuerpo, destruyendo poquito a poco la vida. La ira es aliada del miedo. Para liberarse de ella hay que liberarse del miedo a que "no lo quieran a uno".

Muchos de nosotros padecemos del mal de hacer el bien. Nos rajamos el pellejo haciendo "el bien". Pero el bien no aumenta, sino que decrece, y no nos sentimos mejor. ¿Por qué? Porque violamos otra ley universal, la de Dar y

Recibir. En primer lugar, no podemos saber lo que es bueno para otra persona. Sólo lo imaginamos según nuestro punto de vista, tratando de ocupar el lugar ajeno para poder aconsejar, mejor dicho, imponer. Muy frecuentemente con buenas intenciones hacemos más daño que beneficio. Aunque el daño no es intencional, no deja de ser daño y, según conocemos - quien mal hace, mal recibe. Y de buenas intenciones está hecho el camino hacia el infierno. Cargamos con los problemas ajenos, olvidando los propios. Y no solamente esto. Realmente le cerramos el "oxígeno" a aquel quien por su propia voluntad creó el problema y es su obligación resolverlo. Pero necesitamos que nos amen y por esta razón estamos dispuestos a "salvar" el pellejo ajeno y no entendemos que con nuestra propia mano profundizamos el hueco en el que cayó el amigo y no nos percatamos de que podemos ser sepultados junto con él, o, "salvándolo" a él nos hundimos nosotros. Con esto no quiero decir que no debemos brindar ayuda. Ayudar es una necesidad del ser humano, hacerlo con amor y por amor. Pero es inútil ayudar a aquel que no pidió ayuda, o aquel que no la aprecia y repite el mismo error una y otra vez. El hombre pasa por ciertas dificultades porque las crea con su mente errante.

Es preciso tenerlo en cuenta siempre: "cada uno debe aprender sus propias lecciones". **La lección es la posibilidad de transformar el mal en bien**. ¡No impongas ayuda! Se puede brindar ayuda a aquel que está dispuesto a recibirla y aprovecharla para el bien propio y de los demás. De lo contrario, la ayuda es vana. Quien persiste en ayudar es un criminal y un suicida a la vez. Al criminal no lo juzgará un tribunal, sino la vida y su sentencia será la enfermedad. ¡Todos nuestros problemas en la vida tienen su origen en la forma incorrecta de pensar!

La que más se empeña en hacer el bien es la mujer, porque su miedo a que "no la quieran" es más grande y por tanto el deseo de ser buena sobrepasa los límites. Para merecer el amor, la mujer voluntariamente se convierte en esclava del hombre, los hijos, el trabajo, etc. La mujer deja de vivir para ella y entrega su vida a cambio de algunas migajas de amor. Pasa las noches sin dormir, cuando los hijos son chiquitos, porque quiere demostrar que es buena madre. Lava, plancha, cocina, pule la casa, se desgasta para que el marido vea cómo ella se preocupa por él y la valore según su esfuerzo físico. No se come un dulce, para dárselo a sus hijos ya bastante creciditos, no se compra un par de zapatos para comprar al marido una corbata más. Con paciencia espera el reconocimiento que nunca llega, consulta la almohada y con ella comparte su tristeza y sus lágrimas. La ira muda destroza su cuerpo. Finalmente se explota en reproches de que nadie la quiere, que ha dejado de vivir para que los demás se sientan bien. ¿Y qué oye por respuesta? ¡Y quién te pidió hacer todo esto! La mujer se frustra. **La frustración** es ira. La ira por las frustraciones sentimentales se cristaliza en la cabeza, en las vértebras cervicales y se manifiesta en dolores de cabeza, neurosis, dolores en la parte superior del cuerpo. La persona que se sacrifica a sí misma por tener un poco de amor, no importa de quien venga este amor, corre el peligro de contraer diabetes. La diabetes es la enfermedad de los que se sacrifican para hacer el bien a los demás y desean que los demás hagan la vida del sacrificado mejor.

Ya que hablamos de la mujer, les mostraré otro extremo del error, cuando la mujer no quiere ser "débil" quiere mostrar que es tan fuerte como el hombre e incluso que puede superarlo. Querida amiga, si piensas así, estás tratando de ocupar el lugar que a ti no te pertenece. Ser fuerte es la misión del hombre. ¡No ocupes su territorio! La naturaleza es sabia y ubicó a cada uno en su lugar y encomendó a cada uno su tarea. Quien no quiere comprender o ignora las Leyes Universales, está jugando con fuego, prendido por sus propias manos. El resultado de este juego peligroso siempre será la enfermedad. Si eres de aquellas personas que no necesitan pedir la ayuda del hombre para poner un clavo en la pared, si consideras que al hombre hay que demostrarle que la mujer no es inferior y que tiene capacidad para ocupar cargos de dirección, si ser femenina para ti es ser débil, pues estás luchando contra la naturaleza. La lucha es ira.

En primer lugar, nadie es inferior ni superior a nadie. El hombre y la mujer, unidos por amor, forman un total perfecto; uno complementa al otro. En segundo lugar, ante todo la mujer tiene necesidad de amar a su marido, porque de su amor el hombre recibe las fuerzas para mimar a la mujer y ocuparse de la familia. ¿Puede una mujer dar amor al hombre cuando dedica las 24 horas al día a la lucha por ser igual o mejor que el hombre? Créeme, el hombre quiere ver en ti una mujer y no a un general con falda. En tercer lugar, no tengo ninguna duda, de que la mujer con carácter fuerte se siente muy orgullosa de sí misma y la sociedad la estima mucho, y esto le viene a la mujer como la miel a la boca amarga. Sé que todas las metas son alcanzadas por la mujer fuerte, porque la mujer se esforzó, durmió menos, trabajó más, cumplió con... etc. Pero sé también con certeza, que la mujer fuerte no es bien vista por la naturaleza. Sus hijos son enfermizos y malcriados, su familia no es feliz, su hogar no es dulce, su amor es falso. Al alcanzar sus metas la mujer fuerte de carácter ya no es fuerte físicamente, está destrozada. ¿Para qué hablar? El esfuerzo es lucha. La lucha es ira. La ira prolongada conduce a la enfermedad. La naturaleza en estos casos aplica sus medidas para reestablecer el equilibrio y poner a la mujer en su lugar. ¿Cuáles son las enfermedades que padece la mujer tan fuerte como, o más que el hombre? En primer lugar comienzan a fallar los órganos sexuales, y el más castigado es el útero. La inflamación es un huésped constante en el cuerpo de este tipo de mujeres. Los dolores en el vientre avisan que la mujer debe parar la lucha por igualarse o superar al hombre. Pero la lucha sigue, los órganos siguen deteriorándose y ya no queda otro remedio que entregar al cirujano uno de los órganos más importantes – el útero. ¡Que lástima que la mujer no conoce las señales que la naturaleza le manda! Al recuperarse después de la operación, sigue persiguiendo la meta: ser la que manda, o creer que es insustituible. La naturaleza es nuestra madre querida y tratará de proteger a la mujer con otro aviso: los desórdenes en la zona del sacro-lumbago. El dolor doblará a la mujer para que ella pueda ver mejor el camino que escogió y se dé cuenta de que está en el territorio ajeno. Pero si eso tampoco ayuda, la invasora será expulsada. A ella le van a perdonar la vida, pero sus piernas no podrán caminar más, para que no se atreva nunca más a invadir el patio ajeno. La mujer que bajo ningún concepto, bajo ninguna advertencia quiere ser mujer, que su deseo de ser fuerte es inquebrantable, llega a otra enfermedad terrible – la arteriosclerosis.

Yo no pretendo que me creas, la vida misma te mostrará que tengo razón. Mi experiencia de trabajo me da la posibilidad de ver casos y casos que obligan a uno a pensar y sacar las conclusiones. De uno de ellos les quiero hablar ahora.

Una mujer de 48 años sufrió un accidente de tránsito. Salía del trabajo, conduciendo una camioneta. Estaba muy cansada después de 14 horas de trabajo, se durmió y chocó con otro vehículo. Volvió en sí después de más de ocho horas de operación. Lleva casi un año incapacitada porque su pierna 'no quiere sanar"; por tanto, no puede caminar, está prácticamente inmovilizada. La primera pregunta que me surgió es la causa por la cual la pierna no quiere sanar, cuando el organismo es relativamente joven y tiene todas las capacidades para recuperarse. Le pregunté si ella era dirigente. Contestó que es directora de un establecimiento comercial en el aeropuerto internacional. Mi próxima pregunta fue, si deseaba comenzar a trabajar. La respuesta fue, que no aguanta la casa, extraña el trabajo y que sin ella se caerá el cielo. Claro, esto es uno de los últimos avisos que la naturaleza le da. Ya tuvo antes problemas con el interior, sacro-lumbalgia y no le bastó. Su esposo, sin ser médico ni adivino, le advirtió en varias ocasiones que debe cambiar su forma de ser y ocupar el lugar que corresponde a la mujer. No quiso escucharlo. ¿Qué le sucederá después, si no cambia?

Nosotros hablamos mucho acerca del hambre y la pobreza. Naciones completas corren peligro de desaparecer de la faz de la tierra, azotadas por estos flagelos. Sufrimos mucho cuando vemos las imágenes de los niños desnutridos, moribundos. Juzgamos a los gobiernos irresponsables por dedicar mayor atención al desarrollo de las armas nuevas. Muchos ofrecen recetas de cómo combatir este mal. Pero de ninguna de estas recetas sale un plato de sopa capaz de saciar el hambre de un niño. Es un mal visible que mata sin piedad al chico y al grande.

Pero hay unos cuantos males invisibles que también matan, lentamente, sin piedad, sin escoger el territorio para atacar, porque atacan a todos en todas partes del mundo. Entre ellos están la mentira, la hipocresía, la envidia. Los tres tienen el mismo origen – el temor a que "no me quieran"- y el mismo dueño, la mente. La mente lleva a la humanidad hacia la destrucción a través de enfermedades cada vez más terribles. La mente, como todo en el Universo, tiene dos polos: espiritual y físico. **El equilibrio de la mente garantiza la cordura y la sabiduría de la vida.**

La época en la que vivimos es de materialismo. Una de sus características es el movimiento por el camino de crecimiento de los valores materiales. Este movimiento está lleno de obstáculos que se vencen con fuerza de voluntad. Todos se empeñan en tener más, no importa si en este movimiento hay que aplastar al vecino, o aniquilar la independencia de un estado. Todos los métodos son buenos con tal de ser superior. La gente pequeña tiene ambiciones pequeñas, la gente grande tiene ambiciones grandes. La lucha por los territorios, las riquezas naturales, el carro moderno, la ropa de última moda, la casa en el lugar residencial, etc. no siempre termina victoriosamente. Y entonces llegan las **decepciones**. La gente pequeña lloriquea por no alcanzar lo que deseaba, se seca las lágrimas y sigue su camino, sonríe y se alegra por tener una rodaja de pan y un vaso de agua. La gente grande se enfada consigo misma y con todo el mundo por no alcanzar lo que desea, por no lograr lo que quería, por no ser como se esperaba. Caen en la **depresión y la apatía**. La depresión y la apatía son ira. La vida para ellos pierde el sentido, se convierte en algo **absurdo**. El absurdo es vivir en la riqueza y morir en la estupidez, con el corazón lleno de culpa y pena.

En el movimiento hacia las riquezas materiales, el hombre constantemente mueve la cabeza a la izquierda y a la derecha para no ser el último, el peor. Cuando ve que está rezagado, no piensa dos veces para poner una zancadilla al que va delante. El adelantado tropieza, se lastima, su marcha se frena, el dolor de la zancadilla disminuye sus fuerzas. A veces la zancadilla es tan cruel, que el adelantado cae y ya no tiene fuerzas para seguir. Pero el rezagado no está conforme, delante de él siempre hay alguien. Él no comprende que en vez de hacer las zancadillas, **hay que encontrar su propio camino** donde no habrá competidores, donde sobran las riquezas y para obtenerlas no hace falta vencer obstáculos. Sólo se necesita abrir los ojos y mirar hacia dentro. Así funciona la envidia. La **envidia** es ira malintencionada y es terreno fértil para todos los tipos de cáncer. Además, la envidia es la progenitora del sentimiento de venganza. La **Venganza** es ira. Este tipo de ira ataca a los vasos sanguíneos de los riñones y conduce hacia la insuficiencia renal.

El que no quiere quedarse atrás, ser "inferior", quien envidia los logros de otras personas, quien ve el sentido de la vida, en primer lugar, en la adquisición de los bienes materiales, suele ser un trabajador incansable, porque cree que solamente a través del trabajo, es posible tener todo lo deseado. Sí, es muy importante trabajar, porque el trabajo es la única fuente honesta para ganar la vida. La cuestión es cómo trabajar. Cuando se viola el equilibrio en la relación hombre-trabajo, comienzan a llegar las desgracias. Mientras menos amor sientes por lo que haces, crece la "necesidad" de demostrar que eres el mejor, mayor es el esfuerzo para alcanzar las metas y más grave son las consecuencias. El trabajo sin parar como demostración de la resistencia y orgullo por ser tan "valiente", el heroísmo laboral y el coraje irrazonable, te premian con dos cosas: el reconocimiento de tus méritos laborales en forma de diferentes tipos de distinciones e insuficiencia renal.

Las decepciones por no alcanzar las metas propuestas, atacan la vejiga. La ira provocada por la decepción, se cristaliza en este órgano y se manifiesta en dos formas: inflamación de la vejiga, cuando uno acumula las decepciones y no logra liberarse de ellas; o incontinencia urinaria, cuando la persona no aguanta una decepción más y desea liberarse de ella, porque no está dispuesta a seguir aguantando. De esta manera, la vejiga ayuda a eliminar las decepciones sobrantes, ya que de otra manera se desataría el cáncer de la vejiga. Esto es el estrés de no admitir sus decepciones y fracasos.

Por cierto, ya que hablamos de la vejiga, quiero que conozcan que a través de la vejiga se evacua la amargura de los sentimientos. Presten atención cómo orinan. La disminución del orine señala que el individuo no quiere dar riendas sueltas a las amarguras por sueños incumplidos. Cuando uno no desea hacer sufrir a otra persona y prefiere sufrir uno mismo o tiene miedo de expresarse por tal de no provocar un conflicto, la cantidad de orine también disminuye.

Hay que aprender a vivir sin emociones para alcanzar la paz espiritual. También hay que aprender a vivir con alegría. Quien no lo sabe hacer, corre el peligro de tener problemas en el sistema cardiovascular.

A todos nosotros nos gusta ver y oír solo lo bueno. Pero con nuestro miedo a que no me quieran, constantemente atraemos lo malo. Para evitar el enjuiciamiento y el castigo, mentimos. Mienten todos, desde un gigante hasta un chiquillo. Unos mienten para esconder la verdad, otros dicen mentiras piadosas. La mentira ya es parte del estilo de nuestra vida. Nos mentimos a nosotros mismos porque tenemos miedo a ver la verdad. El miedo a ver la verdad afecta a nuestros ojos, nos hace perder la visión. Ningún lente de contacto, ni espejuelos o gafas, ni operaciones quirúrgicas, pueden liberarnos del miedo a ver la verdad.

La mentira tiene una cualidad muy peculiar: crece como una bola de nieve, aplastando la verdad. Ya nadie tiene la capacidad para distinguir qué es mentira ni qué es verdad. La mentira también afecta al oído de la misma manera que a la vista. Tanto ejercemos la práctica de mentir, que casi perdemos la capacidad de ver los errores. Mientras más mentimos, menos aceptamos la idea de que podemos equivocarnos, más culpamos a los otros por cometer errores; vestimos al blanco de negro, y tratamos de mantener al blanco oculto y guardado para que no se vea que está sucio. Y todo con un sólo propósito: ¡Mírenme, qué bueno soy, un ejemplo a seguir! ¡Ámenme!

Como nosotros estamos divididos en buenos y malos, según los conceptos o puntos de vista, nos resulta fácil decir la verdad a los malos, para que se molesten. Pero al bueno hay que tratarlo diferente. La verdad a veces irrita, incomoda, puede traer graves consecuencias a quien la dice. Entonces cometemos un doble pecado: no permitimos al bueno ver que no es tan bueno, no es tan perfecto y que también, como todos los malos, comete errores; aceptamos el error como si fuera verdad y con esto la negatividad crece en tamaño y fuerza. Peor aún, cuando el mal se presenta como el bien. ¡Existen tantas justificaciones para esconder la verdad, como personas que la esconden! Este tipo de comportamiento atenta contra nuestra garganta. Callar la verdad, sea cual sea el propósito, provoca enfermedades en el área del cuello y la nuca.

La hermana de la mentira es la **hipocresía**. Ellas siempre andan juntas. Observándolos ahora, noté algo de incomodidad. ¿Quieren decir que no pertenecen a esta clase de gente? Claro, odiamos la mentira, a los mentirosos, la deshonestidad, los robos, los sobornos, etc. Pues debemos saber, si odiamos la mentira y a los mentirosos, si no soportamos la hipocresía, que en nosotros vive la ira contra la mentira. Nos sentimos incómodos con nosotros mismos, porque el deseo de ser bueno, o el Miedo a la honestidad puede privarnos del amor, del reconocimiento y aceptación. Nos callamos la boca cuando debíamos hablar; por cortesía o por conveniencia hemos hecho el juego al socio en la jugada sucia, sin darnos cuenta de que este comportamiento se ha convertido en un hábito. Convertimos la deshonestidad en verdad y creemos en ella. Sin embargo, sentimos muy claramente, cuando alguien nos miente, y nos enfadamos cuando nos toman por estúpidos. No podemos comprobar que el otro nos está mintiendo. Nos sentimos humillados, el dolor de cabeza no se alivia con ningún calmante. De repente, sentimos un dolor en el costado izquierdo del abdomen. Es el páncreas inflamado que nos manda la señal: deja de mentir si no quieres ser engañado, y entonces dejarás de enfadarte con la gente que te crea estúpido.

Vivimos en total olvido de quiénes somos. El olvido nos impulsa continuamente a una carrera maratónica. Para llegar a la meta, utilizamos nuestras piernas para correr, nuestros brazos para empujar, la cabeza para pensar, los órganos internos para esclavizar. Nos encontramos en permanente disposición combativa para defendernos de diferentes tipos de opiniones y valoraciones. Por eso utilizamos la táctica de ataque preventivo y juzgamos a todo y a todos antes de que nos juzguen a nosotros. Ponemos atención especial a la lucha por defender la dignidad y demostrar nuestros buenos propósitos, viendo en el otro o en los otros el sentido maligno de sus ideas. Mientras más educados somos, con más facilidad inclinamos la balanza en defensa de la dignidad propia y no nos percatamos de en qué momento la dignidad se transformó en egoísmo. La auto-adoración es algo común. El egoísta no es feliz. Sufre de las incomprensiones por parte de las "amistades", colegas, vecinos, etc. No logra crear relaciones interpersonales simples y sólidas, basadas en el amor. Cuando logra conquistar a un nuevo amigo o formar familia, las relaciones se disuelven con rapidez. Entonces, piensa: "Soy tan bueno, y aquel es hijo de mala madre, es un ciego que no ve mis virtudes. Me las pagará". Tarde o temprano llega a la conclusión de que ya no existe gente buena. Quien piensa de esta manera no comprende que esta conclusión tiene que ver con él mismo, en primer lugar. Por causa de los fracasos en las relaciones interpersonales, llega el abatimiento. El abatimiento es la ira reprimida por el miedo. Muchos de nosotros pertenecemos a la clase de las personas abatidas. Frecuentemente perdemos el deseo de comunicarnos con las personas y cuando debemos hacerlo, nos volvemos hipócritas. El abatimiento bloquea la energía del amor y el deseo de amar. La ira reprimida por el miedo bloquea las vértebras en la región del cuello. El bloqueo se manifiesta como una sensación de pesantez y dolor en la parte superior de la espalda. El abatimiento abre las puertas del organismo a enfermedades infecciosas y es suelo fértil para la gripe y todo tipo de virosis.

Quien experimenta un estado de abatimiento, siente desesperación y ya no cree en nada ni en nadie. Por otro lado, odia a la gente abatida. Como consecuencia de esta ira (odio es ira) fácilmente se enferma de cualquier infección viral que se agrava por fuertes dolores de cabeza. Estas personas se irritan por las conversaciones sin sentido, se ponen intranquilas cuando no pueden expresar su punto de vista. El punto de vista pronunciado en voz normal no provoca enfermedades de la garganta. Quien impone sus puntos de vista a gritos, padece de amigdalitis. Los gritos son la manifestación de la ira.

No conozco a una sola persona que no quisiera tener en la vida sólo lo bueno. Pero conozco pocas personas que comprenden que la vida es un movimiento continuo hacia arriba y hacia abajo y no en forma de línea recta. Lo bueno alcanza su punto máximo, comienza el decrecimiento, llega al punto cero y sigue su movimiento hacia abajo para alcanzar el punto mínimo y así sucesivamente. La velocidad del movimiento, la altura y la profundidad del sube-baja dependen del estilo de la vida de la persona, de su forma de pensar. Cualquier mal se equilibra por el bien. Cada uno de nosotros es el capitán de un barco llamado VIDA y escoge la ruta por la cual va a transitar.

Gráficamente puedo mostrarles cómo uno mismo puede decidir por la calidad de su vida.

En el primer caso, la vida es ordinaria. La persona simplemente vive sin grandes aspiraciones. Se podría decir que la persona en este caso es conformista, va a donde la lleva la corriente. Sus logros en la vida son poco visibles, sus metas pequeñas son alcanzadas. A estas personas las puedo comparar con el patito feo que nunca llega ser un cisne hermoso. Ellas forman la famosa masa gris, que en la vida debe ser guiada y que cambia su orientación según sopla el viento. Están de acuerdo acaso con todo y su lucha por la vida termina en el cautiverio de la ignorancia. La felicidad de estas personas depende casi por completo de los amos a los que sirven.

En el segundo caso, la vida de las personas es muy dinámica. Tienen grandes aspiraciones y siempre llegan a sus metas con la sonrisa en la cara. Su carácter es alegre, su corazón es un caudal de amor. No pertenecen al ejército de la armada de los luchadores por la vida. Son aquellos que siempre utilizan el viento a su favor; por tanto, nunca van en contra de la corriente, ni a la deriva. Van por el camino propio. Llegan a conocer la paz espiritual y a través de ella logran ser felices en todos los sentidos. Sus bajas mayormente se encuentran en la zona de la positividad. Logran tener una salud fuerte hasta sus últimos días, aparentan ser más jóvenes de la edad que realmente tienen. Su mayor riqueza es la sabiduría y es compartida. Las admiran por lo que son. Su amor es incondicional. De luz nacen, y se transforman en luz.

Los terceros se destacan por su carácter combativo. Su vida es una batalla con cortos periodos de paz. Tienen grandes aspiraciones, luchan por ellas y contra aquello y aquellos que obstaculizan su movimiento hacia la meta. Todos piensan llegar hasta el sol para brillar con su luz dorada. Todos alcanzan cierta altura, según su resistencia, y ahí queman su plumaje, como ICARO. Llegan a la vejez en soledad, aunque estén acompañados, sin salud, encontrando el sentido de la vida unos momentos antes de morir. En este momento se dan cuenta de que vivieron por gusto, que la muerte toma a todos por igual, sin distinción de rangos y riquezas. El afán de la vida de estas personas es llegar primero y siempre tener más. Todos son graduados de la escuela "Los golpes enseñan". Rara vez se separan de dos "amigos" principales: el dolor y el sufrimiento, nunca tienen oídos para escucharlos.

Más que otros sufren los terceros, porque van más de prisa y son más agresivos en todos los sentidos. El que está apurado comete más errores. Claro, todos cometemos errores, pero los apurados son magníficos en esto. Muy pocas personas admiten sus errores sin discusión, la mayoría prefieren culpar, se ofenden cuando alguien les señala sus errores. La ira, por sentirse ofendido, provoca coriza, pero preferimos no pensar en eso y culpamos al virus, la infección o decimos que es alergia.

La mayoría de nosotros prefiere gobernar, porque piensa que podría hacer las cosas mejor que el otro. Tenemos la costumbre de culpar a los gobiernos, al sistema, a quien sea, porque siempre habrá a quien culpar, si no entendemos que quien culpa, siempre tiene sentimiento de culpa. ¿De qué sirve lloriquear, esperar cambios pasivamente, cambiar de un país a otro? Estos tipos de cambio suelen cambiar los problemas, pero no su cantidad y complejidad. Lo único válido en esta situación es entender, que para cambiar al mundo hay que comenzar por uno mismo, por su forma de pensar. Recuerden que somos el micro estado dentro del macro. Y si uno no se gobierna, ¿cómo quiere hacerlo con los demás? De hecho, gobernarse a sí mismo significa ser libre, independiente, y eso es amor. Cambiarse a sí mismo es hacer el bien, cambiar a los demás es un crimen. Muchas personas, que no son libres, confunden el significado de la palabra gobernar y consideran que gobernar es controlar. El control se efectúa a través de la imposición. La imposición es una de las formas de la violencia. La violencia es ira y la ira provoca más ira. ¡Qué problema! ¿Dónde está la gente buena? Por todos lados. Si uno encuentra gente buena dentro de sí mismo, los demás dejan de ser invisibles.

¡Ojala aprendiéramos a ir despacio! Mientras tomemos la vida como si fuera una pista de correr o una cancha de competencia con los demás, sólo veremos a los competidores y enemigos. Odiamos a quien nos molesta, despreciamos lo que tenemos y a quien tenemos. El **desprecio** ya es un inquilino fijo de nuestra alma. "Detesto" es el sentimiento más común de lo que podríamos imaginar. El desprecio es ira mal intencionada, es el camino hacia las salas de oncología.

Creo que hemos conversado suficiente acerca de las emociones y los sentimientos venenosos y podemos resumir lo aprendido: todos los sentimientos, los pensamientos y las emociones negativas son creaciones del miedo común a que no me quieran. El miedo a que no me quieran es un dragón de tres cabezas. La primera cabeza es el sentimiento de culpa.

El sentimiento de culpa tiene prisionero al corazón. La segunda cabeza es el miedo en su sentido común, tiene como su presa a los riñones. La tercera cabeza es la cólera. Su prisionero es el hígado. La tercera cabeza es la más violenta, posee la fuerza de las otras dos; por tanto, es la más destructiva. Las emociones, los sentimientos si no se les da tratamiento, se acumulan, se cristalizan, se combinan entre sí y se convierten en el pasto para la ira.

La ira tiene su propio rostro y es inconfundible. No puedo mostrarles su foto, pero puedo hacer un retrato hablado y darles las características de su comportamiento. Tiene cinco señales para identificarla: dolor, fiebre, enrojecimiento, crecimiento o aumento del tamaño, destrucción. Estas cinco señales son síntomas clásicos de la inflamación. Cuando se manifiestan por separado, nos ponen en alerta. Cuando se manifiestan en combinación o todas juntas, es hora de llamar a los bomberos. El fuego es peor que un ladrón, quema todo sin piedad. En el "incendio" uno puede perder cualquier parte de su cuerpo.

El dolor es una alarma, nos informa sobre la destrucción, avisa que el fuego ya está encendido. El dolor dice que no hace falta culpar a otra persona si tu cuerpo sufre del dolor. Si el otro tuviese el dolor, sería culpable él. El dolor impide tomar el camino equivocado.

Según la ubicación de los miedos en nuestro cuerpo, podemos localizar el dolor e interpretarlo. Por ejemplo, el dolor de cabeza es ira porque no me quieren, me menosprecian, nada es como yo quiero; también significa que nuestra forma de pensar respecto a algo es completamente equivocada. El dolor en el área abdominal es ira relacionada con la influencia sobre los otros y sobre uno mismo. Es el área del sentimiento de culpa. Culpar es ira. El dolor en las piernas es ira relacionada con la ejecución de algún trabajo, los gastos o el recibo del dinero, o sea, problemas materiales o de economía. El dolor en las rodillas es ira contra algo que impide el movimiento hacia adelante. El dolor en todo el cuerpo es ira contra todo, ya que todo no es de la forma en que yo quiero.

La fiebre señala cómo el cuerpo energéticamente trata de ayudar a quemar o aniquilar la negatividad que el hombre absorbió por no saber cómo son las cosas de la vida.

Si uno tiene catarro o algún resfriado, significa que el frío fue la última gota que llenó la copa.

El enrojecimiento avisa que no puedes continuar tu caminata por el mismo camino y debes parar de combatir la negatividad con negatividad. Señala que la ira se concentra para salir. Los vasos sanguíneos se ensanchan para dar albergue a la ira. El cuerpo es consciente y sabe que debe liberarse del inquilino agresivo. El enrojecimiento se observa en aquellas zonas donde se acumula la ira, mientras aún no se revienta algún vaso sanguíneo. Quien impone su opinión o su voluntad a gritos, se enrojece, ya que vierte su ira sobre otra persona. Los que calladamente escuchan los gritos, se enrojecen también, con la diferencia de que los callados acumulan la ira dentro de sí y se destruyen más rápido. Este tipo de enrojecimiento es de carácter inflamatorio. Las enfermedades de la piel casi siempre, para no decir siempre, están acompañadas por erupciones con enrojecimiento. Las cicatrices de las heridas que se cierran con dificultad tienen matices rojizos.

Por ejemplo, los picazos de los insectos tienen color rojizo. Si te picó una abeja y la mancha roja crece, presentando señales de infección, significa que estás muy enfadado con alguien o con algo. Los insectos "ignoran" a las personas ecuánimes.

El enrojecimiento es la extensión de la ira hacia el exterior, es expresión de la ira reprimida ante situaciones humillantes e incómodas.

El calor hace visible cualquier tipo de ira. A quien no le gusta el calor y el sol, debe considerar que tiene la ira escondida.

El crecimiento y aumento de tamaño se manifiestan en las siguientes formas: edema o hinchazón, acumulación de líquido en órganos y cavidades, engrosamiento excesivo de los tejidos en órganos y articulaciones, adherencias, tumoraciones, cáncer, cálculos y obesidad.

Cualquier exageración conduce hacia el crecimiento o aumento de tamaño y está relacionado con la acumulación de ira:

Ira pequeña – aumento pequeño.

Ira grande – aumento grande.

Ira escondida – aumento que no es visible (dentro del cuerpo).

Ira abierta – aumento visible.

Mientras más venenosa es la ira, más ponzoñosa es la enfermedad. La ira malintencionada es enfermedad maligna – cáncer. Mientras más concreta es la ira más concreta es la enfermedad. Mientras más obstinada es la ira, más duro es el foco o el núcleo de la enfermedad, por ejemplo, piedra. Si a la persona la irrita todo, tanto personal, como en general, y no puede encontrar la solución a lo que la irrite, surge la obesidad.

Todos nosotros tenemos metas en la vida. Unos van hacia ellas con alegría, los otros tienen que vencer los obstáculos. Por cierto, los obstáculos son creados por uno mismo con la irracionalidad de los pensamientos. Precisamente las personas que en la lucha hacia la meta rompen los obstáculos, tienen la parte superior del abdomen crecida. La vida les dice, por aquí no vayas, porque vas a fracasar. Pero la persona no conoce las señales y sigue rompiendo el hielo. Fracasa en uno y otro intento, pero sigue adelante y llega a la meta lleno de ira que se cristaliza en tejidos grasos. Ya la persona se parece más a un barco rompehielo que a un ser humano.

Los que se ponen metas inalcanzables o tienen deseos irreales, también se llenan de ira, sólo que su ira formará hernias. La mayoría de los deseos inalcanzables pertenecen a la esfera económica; por tanto, las hernias aparecen con más frecuencia en el abdomen inferior y en las cicatrices de las heridas.

Hay personas que después de los fracasos se calman por un tiempo. Pero de repente, la avaricia se despierta nuevamente y empuja a la persona a trabajar sin parar, a conquistar el futuro "mejor" con la mente "*a lo mejor ahora las cosas salen diferentes*"; entonces la naturaleza, para proteger al hombre de la destrucción súbita, comprimirá su diafragma y con esto limitará su respiración.

A quien ha trabajado incansablemente para demostrar que es bueno; sin embargo, ha logrado poco, decide sentarse a no hacer nada y no quiere mover ni un dedo por el prójimo, se le ensanchan los glúteos.

Los que piensan que siempre deben estar de pie y que sin su presencia las cosas no van a salir bien y los que piensan que son insustituibles, les sube la grasa sobrante hacia la cintura. Generalmente así piensan los hombres. Por eso muchos de ellos no tienen ni cintura, ni glúteos, sino área para el aterrizaje de paracaidistas. Claro, las mujeres con este estrés también existen, y no son pocas.

Las mujeres que utilizan al hombre para lograr sus propósitos, tienen los senos sobredimensionados. Y las que subestiman al hombre, que no desean amar al hombre generalmente, tienen los senos pequeños.

La obesidad es demostración de lucha por la vida. Cualquier lucha agota. Y un día la persona cruza los brazos y ya no quiere luchar más. Entonces los tejidos grasos comienzan a perder su dureza y se ponen fláccidos. Los que piensan "*de todas formas nunca tendré lo que sueño*", todo su cuerpo será flácido; los que piensan "*nadie quiere ver que todo lo que hago es para bien*" tienen flácida la cintura; "*con lucha o sin lucha, nunca llegaré a ser rico*" – flácidos los muslos y los glúteos.

La ira es el estrés que más energía quema. Por tanto, las personas estresadas difícilmente calman su hambre, tienen la necesidad de masticar o tomar algo, aun poco tiempo después de la comida.

Una advertencia para los que luchan por ser ricos o reconocidos: no vayan a los extremos en sus deseos; la imposibilidad de alcanzar sus metas entregando el máximo de sus esfuerzos conduce hacia el cáncer de estómago.

La obesidad es un problema de los tejidos blandos. De obesidad padecen aquellas personas que tienen (tuvieron) la madre con infinidades de estrés y la vida de la cual es una lucha total por o en contra de algo.

Los materialistas no creen en lo que no pueden ver o tocar. Algún día, si logran aceptar la parte invisible de la vida, su propia negatividad comenzará a adelgazar. Las piernas sentirán el alivio y la persona podrá correr con más facilidad. Entonces con más facilidad podrá hacer el bien y llegará a la meta en el momento preciso.

Podemos dividir la destrucción en tres grupos: las heridas, los trastornos de recuperación de integridad de los tejidos y los trastornos y daños en el sistema óseo.

Heridas – cuchilladas o heridas cortantes, cortaduras, heridas punzantes, heridas por comprensión, quemaduras.

Nuestra propia ira "atrae" a las heridas, no importa si son hechas por un cuchillo, un pedazo de vidrio, un clavo, el bisturí de un cirujano o el arma blanca de un criminal. La herida es más voluminosa mientras más grande es la ira encarnizada.

Las quemaduras son la expresión de la ira de venganza, ira quemante.

Heridas que no quieren sanar. Si la persona no sacó las conclusiones de sus desgracias y sigue enfadada, las heridas tardan en sanar. Pueden surgir enfermedades de la piel. Los defectos de la piel son orificios, los cuales permiten salir a la ira (úlceras de la vía digestiva y úlceras tróficas).

Deterioro de los huesos: las fracturas, los esguinces, la curvatura de huesos, y la distensión de las articulaciones. El hueso se fractura solamente por la cólera súbita. Mientras más fuerte es la cólera, más grande es la destrucción. El enfado del padre consigo mismo, el enfado con la madre, con otras personas; la cólera de la madre con el padre, la ira del niño con su padre, la cólera con los hombres, etc. Todo esto se cristaliza y se sedimenta en los huesos. A este grupo pertenecen todos los tipos de ira relacionados con la creencia errónea de que uno no puede apoyarse en el hombre porque el hombre puede traicionar y defraudar. La ira del hombre contra el hombre es la maestra en romper huesos. Siempre funciona la regla de que las afectaciones en los huesos se ven en aquella persona que tiene ira contra otra. La ira violenta se manifiesta en afectaciones traumáticas de los huesos – traumatismo. La ira escondida prolongada es osteoporosis, osteomielitis, destrucción de los huesos por enfermedad.

Las secreciones también identifican a la ira.

Las lágrimas son más cristalinas mientras más prolongada y asentada es la ira. Las lágrimas de la ira por tristeza aparecen cuando la persona no recibe de la vida lo que desea. Quien no sabe llorar o reprime las lágrimas encierra la ira dentro. Esto, como consecuencia, trae la acumulación de líquido en los tejidos y las cavidades.

A través del sudor, el organismo evacua los diferentes tipos de ira. Según el olor del sudor se puede determinar el carácter de la persona. Mientras más rechinante es el olor, más enfadada y llena de odio es la persona.

La saliva muestra cómo la persona alcanza sus metas. Quien piensa correctamente y cuenta consigo mismo, obtiene buenos resultados. Pero si quiere tener los resultados sin esforzarse, difícilmente tendrá lo que desea. El miedo ante los problemas de la vida, reseca la boca y obliga a la persona a abrir la boca con mucha frecuencia. Incluso, respiran por la boca cuando están dormidos. Pero si quieren liberarse de los problemas apresuradamente, la cantidad de la saliva aumenta y la persona escupe a cada rato y puede llegar a babear.

Las secreciones nasales son ira por ofensa o agravio. La persona trata de ser buena y hacer el bien y se ofende cuando alguien encuentra alguna deficiencia en sus acciones. Cuando alguien muestra al ofensor su cara de ofendido, las secreciones nasales aumentan. Cuando alguien por orgullo oculta el agravio para demostrar a los demás que es el mejor, las secreciones se alojan en los senos del maxilar superior y provocan inflamación. Cuando el deseo de ocultar el agravio y el propio agravio superan los límites, aparece la sinusitis. Esto señala que la estupidez amenaza al razonamiento.

Quien siempre se siente agraviado u ofendido, tiene como consecuencia coriza crónica; esta puede agravarse por edema en el área del tabique. Una persona con este problema no es capaz de pensar, ya que sus canales energéticos están obstruidos.

El estornudo es el intento del organismo de expulsar los agravios, incluyendo las ofensas hechas por otras personas. Estornudan aquellos que tienen ira corta.

La expectoración es la expresión de la ira hacia los lamentos y los llorones, también hacia los problemas relacionados con ellos. Además, es ira hacia la acusación y los acusadores y por tanto, es ira consigo mismo.

El vómito manifiesta la ira relacionada con la repugnancia hacia la vida. Si la persona siente que está en un callejón sin salida, que no puede superar x-situación, o no tiene fuerzas ni posibilidades, entonces el organismo comienza a actuar en forma de vómito. La persona se libra de esta manera de lo sucio del mundo en que vive, de lo que le provoca náuseas, ya sea un alimento o una situación inaceptable. El lloriqueo por los tiempos pasados y el deseo de volver atrás, protesta contra algo, no deseo de ir hacia el futuro – todo esto es expresión de miedo ante el futuro que provoca los espasmos del estómago.

El humor (pus) acompaña a la ira por impotencia y por imposibilidad, es ira humillante. El humor es la expresión del deseo de venganza por las humillaciones continuas, es el deseo de "acabar" con todo y con todos. El humor es la manifestación de la ira hostil, provocada por la insatisfacción en la vida. La persona que no está conforme ni con lo bueno ni con lo malo, que está obligada a vivir con la boca cerrada, que no sabe qué va a hacer, padece de diferentes tipos de afectaciones de la piel (acné, granos infectados y etc.). Ira pequeña – grano pequeño, ira grande – grano grande. La hostilidad irrazonable respecto a la vida, que la persona esconde para no parecer mala, se explota en forma de humor. Los granos con humor en la cara son el resultado de la ira por humillación, constantemente alimentada.

Con las secreciones de los órganos sexuales se evacua del organismo la hostilidad relacionada con la vida sexual. Sea cual sea el diagnóstico médico, el microbio o parásito que provocó la enfermedad, la causa de ésta siempre es la decepción o la insatisfacción sexual. Todas las infecciones crónicas de los genitales, que no responden a tratamiento médico, desaparecen con la liberación de la ira relacionada con la vida sexual.

El tipo de ira determina el microbio o parásito que provoca la infección: trichomonas – ira hostil de la persona frívola; gonorrea – ira lúgubre del humillado; clamidia - ira por el deseo de gobernar; sífilis – ira por la pérdida de la responsabilidad ante la vida.

La sangre simbólicamente corresponde a la ira de lucha o ira de venganza. Si la persona se corta un dedo con un cuchillo, por ejemplo, quiere decir que la sed de venganza está buscando salida, para que la persona no cometa algo peor. La ira "sabe", que en realidad la persona no es tan feroz, como cree en su mente. Antes de hacer daño a otra persona, la ira se evacua del organismo con la propia sangre.

La mujer es mucho más emocional que el hombre, y la naturaleza le regaló la menstruación como un método para aliviar la ira. El útero es un órgano del segundo chakra, que acumula los problemas sexuales, los cuales la mujer todavía no ha aprendido a separar de los problemas relacionados con la economía. Mientras más abundante es la menstruación, más estresada está la mujer. Si la madre es una persona alterada, la menstruación de su hija puede ser abundante desde el inicio de los periodos menstruales. Si la mujer encierra dentro de sí problemas sexuales, entonces llega la amenorrea – falta de menstruación.

El orine y las heces fecales son el "alcantarillado" del organismo, ellos también evacuan ira. Mientras más fétidos son los excrementos, más pútrida es la ira. El color de las heces fecales indica la cantidad de bilis en ellos. En la vesícula se acumula la ira más vulgar. Si la persona quiere liberarse de la ira y si no le importa demostrarla o tener fama de ser una persona obstinada, sus heces fecales tienen un color oscuro. Si la persona aparenta ser muy educada, de clase, pero concentra la ira, entonces la ictericia ayudará al cuerpo, y de todas maneras evacuará la ira. Si la persona no quiere "separarse" de la ira, sus heces fecales serán amarillentas, el orine oscuro y su piel tendrá manchas por los pigmentos de la vesícula.

Con el orine se van las decepciones relacionadas con el mundo de sentimientos. Si la persona ya no es capaz de soportar las acusaciones, su orine será ácido. Si el orine contiene albumen significa que el cuerpo está en crisis física y utiliza la posibilidad de descargar el sentimiento de culpa y las acusaciones. Las decepciones amenazan la vida del cuerpo. Si el sentimiento de culpa crece hasta sus límites críticos, el cuerpo se autodestruye rápidamente o las proteínas (albúmenes) se sustituyen por tejidos grasos.

Con las heces fecales se evacuan las decepciones relacionadas con la esfera volitiva. Si el hombre se ha sobrecargado, ha exprimido sus últimos jugos para llegar a la meta, pero los resultados no lo satisfacen totalmente, sus heces fecales estarán llenas de toxinas y como consecuencia tendrá patología en el recto y el colon. Si la persona está dominada por las decepciones y su ira es tan grande que se ha convertido en una persona tacaña, entonces las toxinas de hostilidad se quedan en el cuerpo y pueden provocar cáncer en el intestino delgado o grueso.

Si el hombre abusa de su cuerpo y exige de él más de lo que éste puede dar, el cuerpo responde con incontinencia urinaria y de heces fecales. La delgadez, la desnutrición, el apegamiento, la necrosis - todo esto significa destrucción. Primero, sin que el ojo lo vea, comienzan a secarse los órganos, por ejemplo, el hígado. La cirrosis hepática es resultado de una acumulación de ira hostil. El hígado es el almacén de la ira y la cólera. La piel es el espejo de nuestra vida sentimental. La piel seca significa que la persona no quiere manifestar su ira. Mientras más seca es la piel, más grande es la ira escondida. La descamación de la piel indica la necesidad férrea de liberarse de la ira, a la vez del desconocimiento de la persona de cómo hacerlo. El enrojecimiento y la descamación de la piel seca es soriasis. La soriasis es masoquismo sentimental: la heroica paciencia mostrando que uno se siente feliz. Tienen la piel grasa aquellos que no tienen miedo de manifestar su ira. La piel grasa se mantiene joven más tiempo ya que la persona libera su ira de la prisión. Mientras más grasa es la piel, más expresiva es la persona respecto al mal y con su ira hace el bien. Quien se enfada e incrementa su ira y después busca un chivo expiatorio, sin sacar las conclusiones sensatas, la ira acumulada forma focos. Los granos de humor significan que la persona tiene una ira muy concreta y un enemigo concreto, pero contiene la ira.

El hombre recibe de la vida todo lo que desea, si piensa correctamente. Si piensa irracionalmente recibe lo contrario a lo deseado porque:

El miedo frena la voluntad; la ira aniquila la voluntad.

Veremos ahora las cosas que exterminan la voluntad. Los principales exterminadores de la voluntad son los siguientes:

1) Deseo de ser el mejor. Hace al hombre insensible, cruel, duro, destruye su raciocinio. Crea situaciones que le obligan a demostrar con más esmero que es el mejor.

2) Insatisfacción. Destruye el sentido de la vida, priva al hombre del deseo de saborear la vida.

3) Extrema exigencia. Desintegra la claridad del objetivo

4) Situaciones forzosas. Privan al hombre de libertad, le esclavizan.

5) No aceptación o no deseo. Frenan el movimiento, el desarrollo.

En el siguiente dibujo se señala la ubicación y la esfera de influencia de los exterminadores de la voluntad.

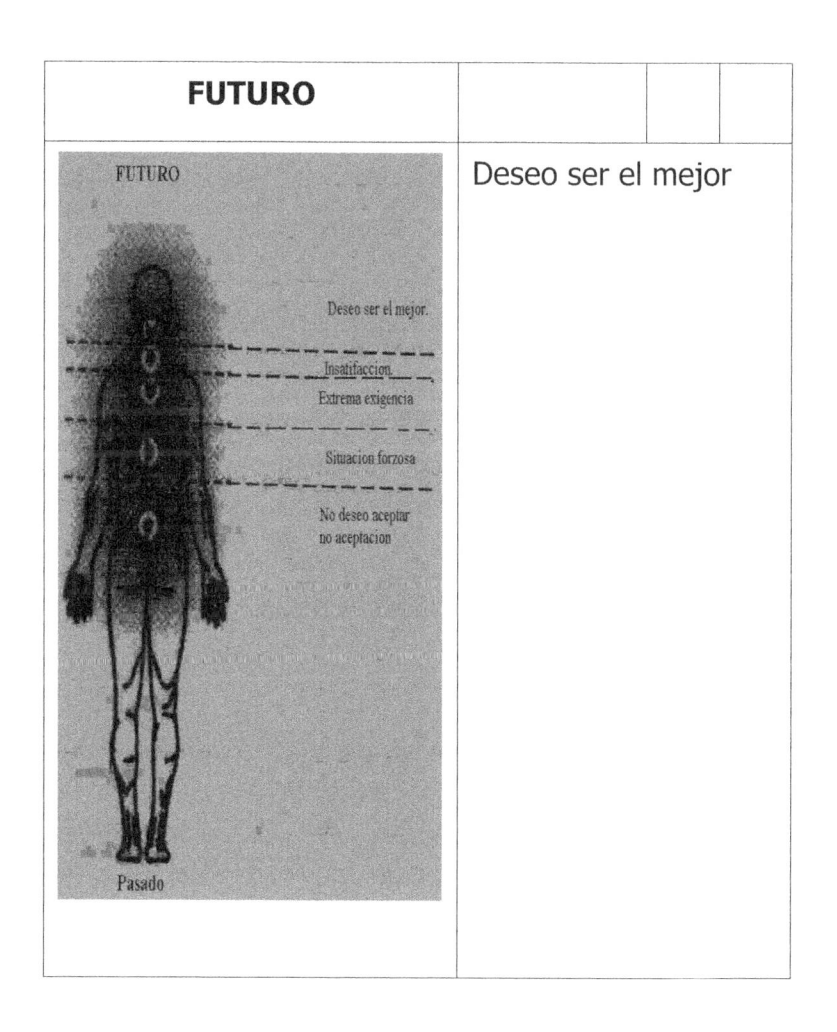

FUTURO		
FUTURO Deseo ser el mejor. Insatisfacción Extrema exigencia Situación forzosa No deseo aceptar no aceptación Pasado	Deseo ser el mejor	

Supongo que no está de más repetir que el mal es la parte opuesta del bien. La ira también tiene su parte buena. Cualquier estrés da sentido y movimiento a la vida, cuando está en equilibrio. Cuando el hombre no comprende sus señales, la ira crece hasta que acaba con el hombre.

Por ejemplo, la no aceptación o el no deseo viene a enseñar al hombre que todo lo que se hace en la vida debe ser hecho con amor, con deseo, y no pujando o bajo presión o imposición.

La exigencia extrema quiere que aprendas a ser poco exigente y agradecido con las cosas pequeñas, ya que de estas, se conforman las cosas grandes.

Quien no sabe valorar lo poco, no tendrá lo mucho.

El deseo de ser el mejor nos enseña que no hay ni mejor ni peor. Si logramos comprenderlo, no tendremos a nuestro alrededor envidiosos ni enemigos.

Llegó el momento de sacar conclusiones del porqué el hombre no logra ser sano.

- El hombre no quiere ser sabio. Esto significa que él quiere lo imposible o lo no merecido. Así aparecen las enfermedades de exageración, de insatisfacción, de voluntarismo, de testarudez, de manía de grandeza, de ideas erróneas, de prisa.

- El hombre no quiere ser bondadoso. De aquí son las enfermedades de no aceptación, de odio, de cólera.

- El hombre no quiere amar a su cuerpo.

- El hombre olvidó o viola las Leyes Universales.

- El hombre no tiene libertad.

- Se pisotea la dignidad.

- El hombre se alimenta de los frutos de sus pensamientos irracionales.

- El hombre no sabe vivir el instante, ya que vive en el pasado o en el futuro.

- El hombre introdujo en su psiquis programas destructivos: estoy enfermo, tengo mala suerte, soy feo e inútil.

- El hombre se separó de la espiritualidad.

- El hombre vive según lo que dirán o mandan.

- El hombre perdió la comunicación con la naturaleza.

Si queremos ser exitosos en la vida: tener paz espiritual, dinero para suplir todas nuestras necesidades, estar rodeados de personas felices, debemos aprender a **No Exagerar** y todo lo que haremos en la vida será con y por ¡**Amor**!

Insistentemente te sugiero olvidar la esperanza de que todo volverá a ser como antes. Estos tiempos no regresarán. Entramos en el tiempo de incertidumbre. Acá no va a funcionar ningún "veremos". Solo la *exactitud* y la *objetividad* nos garantizarán la felicidad.

Made in the USA
Las Vegas, NV
12 June 2021